다음 없는
다음세대에
다가가기

김정준 저

ㄹ
글과길

다음세대 교육 리부팅 1

다음 없는
다음세대에 다가가기

김정준 지음

발행일	2023년 3월 26일
발행인	김도인
펴낸곳	글과길
	등록 제2020-000078호[2020.5.29]
	서울특별시 송파구 삼학사로 19길5 3층 [삼전동]
	wordroad29@naver.com
편집	이영철
디자인	디자인소리 ok@dsori.com
공급처	하늘유통
	경기도 파주시 광탄면 분수리 350-3
	전화 031-947-7777
	팩스 0505-365-0691

ISBN 979-11-978184-5-5   03370
가격 16,700원

다음 없는

다음세대에

다가가기

목차

추천사

많은 사람이 교회의 미래만큼 다음세대의 장래도 어둡다고 한다. 이런 시기에 다음세대를 향한 교육법이 담긴 책이 나왔다는 것은 기쁘고 감사한 일이다. 이 책에는 우리의 현실에 대한 절망감이 담겨 있다. 그러나 그것이 전부가 아니다. 절망감보다는 회복에 대한 절박함이 더 많이 녹아있다. 다음세대를 향한 희망이 담겨 있다.

사랑해야만 보이는 것이 있다. 저자에게는 다음세대가 그 대상이다. 저자가 누구보다 다음세대를 사랑하기에 이 책에는 자기 성찰과 반성이 있다. 사역의 현장 이야기가 녹아있다. 더불어 교회교육 책임자들에 대한 과감한 비난과 함께 간절한 호소도 담겨 있다.

특히 저자는 자신 역시 '교회학교의 수혜자'라고 표현한다. 그 고백이 참으로 감동적이고, 고마운 마음이 들었다. 이런 마음을 가진 저자가 우리 교회에서 함께 사역하고 있다는 것이 자랑스럽다.

"여전히 다음세대가 우리의 설렘이다"라는 저자의 말이 마음에 참 많이 남는다. 바라기는 한국의 모든 교회가 저자의 책을 읽었으면 좋겠다. 설렘으로 교회학교의 회복을 꿈꾸었으면 좋겠다. 다시 교회 안에서 다음세대의 웃음소리가 크게 들리기를 소망하며 한국교회의 목회자와 교회학교 전체에 이 책을 추천한다.

김기현 목사 / 울산 대흥교회 담임

이 책의 저자인 김정준 목사는 20여 년간 교회 교육 최일선에서 활동했던 '다음세대 교육' 전문가이다. 그는 뛰어난 지성과 경건한 영성을 겸비하고 있다. 더불어 21세기를 사는 데 꼭 필요한 적당한 외국어 실력이 있고 훤칠한 외모와 언변은 덤으로 가지고 있는, 하나님께서 많은 것을 선물로 주신 목회자이다. 그가 이번에 《다음 없는 다음세대에 다가가기》를 출간했다. 바라는 것은 부디 이 책을 통해 한국교회의 다음세대 교육에 커다란 지각 변동이 일어나기를 기대해 본다.

오택현 교수 / 영남신학대학교 구약학

다음세대가 셧다운되었다. 셧다운된 상황에서는 대안이 절실하다. 그 대안의 책인《다음 없는 다음세대에 다가가기》가 출간되었다. 이 책은 다음세대 사역의 다섯 담당자인 담당 교역자, 담임목사, 장로 혹은 교회 리더, 교회학교 교사, 부모를 향해서 절박한 마음으로 대안을 전한다.

다음세대의 대안이 여럿일 수 있다. 어떤 사람은 다음세대는 교회 밖에 있다고 한다. 이 책은 교회 내에서 대안을 제시한다. 교회의 다음세대가 위기에 몰려 있기 때문이다.

교회는 위기의 다음세대를 포기하면 안 된다. 대안을 찾기 위해 각자의 자리에서 분투해야 한다. 분투함으로 다음세대 부흥의 길을 찾아야 한다. 대안이 없는 시대에 대안을 제시하는 이 책을 행복한 마음으로 추천한다.

김도인 목사/아트설교연구원 대표,《설교는 글쓰기다》,《책쓰기! 나도 할 수 있다》등의 저자

열어요 / 기회는 항상 있는 것이 아니다

바로 그 자리, 교회는 닫히고 카페가 열렸다.

120년 역사의 영종도 왕산교회가 이제는 '메이드림'(MADE林)이라는 카페가 되었다. 메이드림은 2023년 1월에 복합문화공간으로 오픈했다. 혹자는 교회가 영국처럼 술집이 된 것도 아니고, 건물이 헐린 것도 아니어서 그나마 다행이라고 말한다. 추억할 수 있다는 것이 기쁜 일이라고 말했다. 그러나 막상 그 카페 앞에 서니 가슴이 시리다. 술집이나 모스크가 아니라서 감사하지만, 그래도 가슴이 아프다. 이것이 우리의 현실 같아서이다.

벚꽃 같은 다음세대, 더 이상 다음으로 미룰 수 없다.

요즘 교육계에는 벚꽃을 빗댄 비극적인 말이 회자된다. "벚꽃 피는 순서대로 망한다"라는 말이다. 수도권에서 먼 아래쪽 대학부터 문을 닫게 될 것이라는 경고이다. 남의 이야기로만 넘길 수 없다. 교회도 크게 다르지 않다. 지방 대학만큼이나 교회학교도 심각한 상황이다. 더 이상 다음으로 미룰 수가 없다.

지방의 교회학교 현실은 생각보다 더 심각하다.

국민일보에 따르면 지방의 교회학교는 처참하게 무너지고 있다. 특히 양양 지역은 10년 전에 비해 교회학교의 90%가 사라졌다. 철원군 역시 비슷하다.[1] 사역하던 교회의 고등학생 아이를 이웃 도시로 보냈더니 2개월 만에 돌아왔다. 아이가 하는 말, "그 교회에 중고등부가 없어요. 도저히 안 돼서 다시 돌아왔어요" 무려 6년도 더 지난 이야기이다. 수도권과 지방에서 사역해 본 결과 확실히 지방의 심각함이 피부에 와닿는다.

코로나로 인하여 심각한 위기는 가시화되었다.

수면 아래에서 다음세대가 위기라는 말이 나온 지는 20년도 더 되었다. 코로나가 이 위기를 수면 위로 떠오르게 했다. 《교회학교가 살아야 교회의 내일이 있다》라는 책에서 이렇게 말한다. "코로나 이후 교회 교육의 회복 속도는 더딜 것이며 이전의 교육 상황에 미치지 못할 것(53.8%)이라는 전망이 절반 이상을 차지한다"[2] 많은 사람이 코로나 이후 교회 교육의 현장을 부정적으로 보고 있다.

그래도 우리는 다음세대를 포기할 수 없다.

포기하지 않는 것이 사랑이기 때문이다. 상황이나 환경을 탓하여 포기하는 것은 사랑이 아니다. 고린도전서 13장에 사랑의 특성이 나온다(13:4-7). 사랑은 '오래 참고'로 시작하여 '견디느니라'로 마친다. 예수님은 한 번도 우리를 포기한 적이 없으시다. <하나님은 너를 만드신 분>의 가사는 그분의 사랑을 이렇게 고백한다.

> 하나님은 너를 지키시는 분
> 너를 절대 포기하지 않으며~

상황과 환경이 어렵지만, 우리 역시 다음세대를 포기할 수 없다. 하나님이 그러셨던 것처럼….

여전히 다음세대는 우리의 설렘이다.

설레는 것이 사랑이다. 그들이 장차 한국교회를 세워 갈 것을 생각하면 가슴이 설렌다. 그들이 미래이고, 내일이라서. JTBC 드라마 <멜로가 체질>에는 이런 대사가 나온다.

> 은정이는 처음 알았다고 했어. 부와 명예의 가치가 사랑의 가치보다 한참 아래쪽에 있다는걸. 돈보다 설레는 건 … 사랑이라고.

다음세대의 존재는 그 어떤 것보다 우리를 설레게 한다. 우리의 교육에서 가장 가치 있는 것이 바로 다음세대이기 때문이다.

다음세대를 키워야 우리에게 희망이 있다.

어렵지만 포기할 수 없는 이유이기도 하다. 생각해 보면 나 역시 수혜자이다. 포기하지 않은 교사와 교역자의 합동 결과물이다. 힘들고 어려운 순간 나는 포기했지만, 그분들은 포기하지 않았다. 그분들이 나의 친구가 되어주었다. 무조건 내 편이 되어주었다. 덕분에 나는 이렇게 목사가 되었다. 목사는 하나님이 세우신다고 하지만, 하나님은 사람을 통해서 일하시는 분이시지 않나? 물론 부모님의 헌신도 빼놓을 수는 없다.

다음세대는 설렘이기에,
사랑이고 희망이기에,
이제는 더 늦으면 안 된다.
각자의 자리에서 답을 찾아야 한다.

그런 마음을 담아서 이 책을 적어 본다. 다음세대가 다른 세대가 되지 않도록, 뾰족한 질책이기보다는 뭉툭한 다가감으로, 찌르는 칼이기보다는 지키는 칼이 되어, 그렇게 함께 다음세대를 리부팅 (rebooting)할 해법을 시리즈로 제시해 보려 한다.

그 첫 편이 '**다음 없는 다음세대에 다가가기**'이다.

이 책은 총 5장으로 구성되어 있다. 1장은 다음세대에 다가가는 해법의 키(key)이다. 5개의 다른 분야-담당 교역자, 담임목사, 장로 & 리더, 교사, 부모-의 사람들은 저마다 다른 키를 들고 있다. 키는 다르지만 열어야 하는 문은 같다. 다음세대이다. 우리는 모두 문을 열고 다음세대에게 다가가야 한다.

2장은 다음세대 다시 보기이다. 우리는 우리의 주인공들에 대해서 좀 더 정확하게 알 필요가 있다. 특히 요즘 많이 쓰는 MZ는 다음세대를 향한 말이 아니다. 우리는 누구를 다음세대로 보아야 하는지, 그런 그들에게 어떻게 다가갈 것인지를 살펴보고자 한다.

3~5장은 다음세대를 향한 실전편이다. 1장의 확장이라고 볼 수도 있겠다. 이 장들은 우리가 어떻게 해법을 찾아야 하는지에 대한 다양한 실전을 다루고 있다. 리더와 교사 그리고 부모가 어떻게 다음세대에게 다가가야 하는지 실제적인 접근을 담고 있다.

다음세대는 이미 셧다운(shutdown)되었다.

리부팅(rebooting)해야만 한다. 리부팅을 위한 교육 해법을 찾아야만 한다. 각자의 자리에서 다시, 다르게 다가가야 한다. 거기에 한국교회의 미래가 있다.

다음 없는 다음세대에 다가가기!

이것이 우리 모두의 목표가 되어야만 한다.

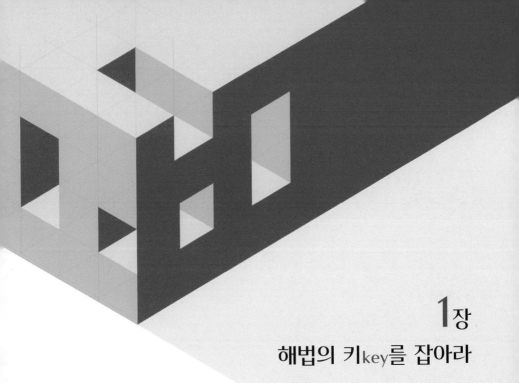

1장
해법의 키key를 잡아라

다음 없는
다음세대에 다가가기

다음세대 교육 리부팅 1

다음 없는
다음세대에 다가가기

1. 지금은 실력을 키울 때다 _담당 교역자

다음세대 교육의 책임자는 담당 교역자이다. 담당 교역자는 제일
선에 서야 하고 최후방을 책임져야 한다. 무너진 다음세대가 일어서
느냐 이대로 주저앉느냐는 담당 교역자에게 달려있다.

예전으로 돌아갈 수 없다

담당 교역자는 냉철한 눈으로 다음세대를 바라봐야 한다. 어떤
사람들은 코로나19가 종식되면 세상이 예전으로 돌아갈 것으로 기
대한다. 화려했던 그 시절, 그때가 다시 도래할 것을 희망하는 담당
교역자도 많다. 그러나 한 번 지나간 세상은 다시 돌아오지 않는다.

트랜드 분석가이자 '날카로운 상상력연구소'의 김용섭 소장은 말
한다.

그런 생각은 너무 순진하다. 실상은 그 반대가 될 것이다. 팬데믹 이후 오히
려 더 크고 심각한 진짜 위기가 시작된다. 팬데믹 자체를 위기라고 여겼던 이
들도 많겠지만, 팬데믹이 초래한 변화의 가속화, 팬데믹이 초래한 경제 위기
등 팬데믹 이후에도 계속될 일들이 진짜 위기이다.[1]

예전으로 돌아갈 것이라는 생각은 순진하다고 한다. 도리어 팬데믹 이후에 진짜 위기가 올 것이라고 한다. 그의 말처럼 교회학교에도 진정한 위기가 시작되었다. 담당 교역자라면 모두가 공감하는 바이다.

사실 교회학교의 위기는 어제오늘의 일은 아니었다. 위기는 이미 우리와 함께 있었다. 다만 우리는 줄어가는 숫자를 보면서도 위기를 크게 체감하지 못했다. 그러다가 코로나로 인하여 모든 것이 수면 위로 떠올랐다. 팬데믹으로 인해 우리의 근본적인 문제점들이 노출된 것이다.

우리의 약점은 준비 부족이었다

팬데믹은 교회의 약점이 무엇인지를 노골적으로 보여주었다. 교회는 비대면에 대한 준비가 전혀 없었다. 세계에 불어 닥친 재앙을 너무 안일하게 대했다. 코로나 시작 전만 하더라도 그냥그냥 넘어갈 줄 알았다. 하지만 아니었다. 이것은 단순한 질병이 아니었다. 전 세계를 3년간 멈추게 한 팬데믹이었다.

그때 우리는 부랴부랴 호미를 준비했다. 그러나 둑은 이미 터졌다. 호미로 막지 못하는 상황이 되었다. 예배학 전공자인 문화랑 교수는 터진 둑을 이렇게 말한다.

코로나 사태로 인하여 가나안 성도가 더 **가속화**되었다. 뿐만 아니라 '꼭 교회에 가서 예배를 드려야 하는가?'라는 생각이 퍼질 것이고, 온라인 예배의 경험은 성도로 하여금 자신의 기호를 추구하는 **'소비자 중심적' 예배 성향을 부추길 것**이다. 이런 상황 속에서 대형 교회의 온라인 교회를 세우는 시도로 벌써 **성도의 수평 이동이 진행 중**이다. 결국 교회 간 **성도 쟁탈전**이 벌어질지도 모른다.[2]

그는 코로나로 인해 가나안 성도가 더 가속화되었고, 온라인 예배의 경험은 소비자 중심의 예배 성향을 부추길 것이라고 했다. 성도의 수평 이동으로 성도 쟁탈전이 벌어질지도 모른다고 했다. 팬데믹 3년이 지나고 보니, 그의 말은 모두 현실이 되었다.

교회는 팬데믹에 대비하지 못했다. 코로나 기간에 많은 부모가 아이들을 교회에 보내지 않았다. 아이들을 심방하면 대부분 이렇게 말했다. "부모님이 교회 가지 말래요" 그런데 이제는 아이들의 마음이 떠났다. 타의적이었던 "가지 말래요"가 자의적인 "안 갈래요"로 바뀌었다. 세상은 이미 준비되어 있었고, 준비 없는 우리는 다음세대를 세상에 빼앗겼다.

담당 교역자 역시 준비하지 못했다. 미래를 위한 준비보다는 매주 설교하고 심방 하기에 바빴다. 그러나 팬데믹이 시작되자 설교할 대상도, 심방할 대상도 사라졌다. 아이들은 더 이상 오프라인에 없었다. 온라인으로 이동했다.

팬데믹이 본격화된 뒤에야 방송에 관심을 두기 시작했지만, 그것도 이미 늦었다. 담당 교역자의 준비 부족으로 방송 간사 업무에 과부하가 걸렸다. 한 방송 간사는 번 아웃으로 교회를 떠나면서 이런 말을 남겼다.

교회에서는 나보고 컴퓨터를 다룰 줄 아는 다음 후임자를 세워달라고까지 요청했다. 내가 왜 거기까지 해야 하는지 모르겠다. 교회도 목회자도 관심 없는 봉사의 자리인데 누가 나서서 하겠나.[3)]

준비 없는 우리의 현실을 꼬집은 것이다. 우리는 시대의 변화에 대비하지 못했다. 팬데믹이 가져온 급격한 변화에 대응하지 못했다. 팬데믹 시기에 우리의 약점은 준비 부족이었다. 결국 교회는 다음세대가 무너지는 사달이 나고 말았다.

실력을 키워야 한다

비대면 시대는 다음세대에게 다양한 선택지를 내밀었다. 똑같이 유튜브를 방영해도 무엇을 볼지는 그들의 자유이다. 실제로 학생들도 온라인에서 재미있고 감동적으로 설교하는 교역자의 영상을 찾아본다. SNS에서 말 잘하는 교역자들의 글에 하트를 누른다. 그것을 프사로 올려놓는다.

대면 예배 때는 강요가 통했다. 어느 정도 바람을 불게 해 일단 배는 띄울 수 있었다. 그러나 비대면 예배 때는 배를 띄우기가 쉽지 않다. '선택의 자유'라는 거센 역풍이 불기 때문이다. 역풍의 시기에는 오직 실력자만 배를 띄울 수 있다.

보통의 담당 교역자는 순풍이 불 때는 배를 잘 조종하지만, 역풍이 불면 고전한다. 역풍 속에서도 능숙하게 조종할 실력을 갖추지 못했기 때문이다. 강한 역풍 속에서도 노련하게 항해하려면 실력을 갖춰야 한다.

실력을 갖추려면 새로운 지식을 습득해야 한다. 새로운 지식이 곧 새로운 패러다임이 된다. 담당 교역자는 이전과는 다른 관점으로 교회학교를 봐야 한다. 시대에 맞는 새로운 패러다임으로 무장되어 있어야 한다. 세계적인 경영사상가 피터 드러커(Peter Ferdinand Drucker)는 이렇게 말한다.

격변의 시대에 가장 위험한 것은 격변 그 자체가 아니다. 지난 사고방식을 버리지 못하는 것이다.

그는 이런 말도 한다.

미래는 예측하는 것이 아니라, 창조하는 것이다.

실력을 키워야 한다. 실력을 키우려면 공부해야 한다. 공부가 곧 창조이다. 역풍 속에서도 창조하려면 공부해야 한다. '하버드식 학습전략'으로 유명한 켄트 김(한국명 김형섭)은 말한다. "'간판'이 아니라 '실력'을 갖추어야 한다. 꿈을 이루려면 창조형 공부를 해야 한다."4) 유명만 씨도 《독서의 발견》에서 이렇게 말한다. "책을 읽으려면 읽어버려야 하고, 읽어버려야 지금의 나를 잃어버리고 또 다른 나로 변신

할 수 있다."[5]

실력이 답이다

다음세대 담당 교역자의 꿈은 당연히 다음세대를 건강히 키우는 것이다. 우리의 꿈이 현실이 되려면 실력이 있어야 한다. 그리고 실력을 쌓는 최고의 방법은 공부이다. 다음세대 담당 교역자에게 왜 공부가 답이 될 수밖에 없는가? 역으로 생각해 보면 쉽다.

누가 실력 있는 교역자가 되는가? 공부하는 자이다.

누가 새로운 것을 만들어 낼 수 있는가? 공부하는 자이다.

누가 아이들의 마음을 얻을 수 있는가? 공부하는 자이다.

누가 위기의 상황을 기회의 상황으로 만들 수 있는가? 공부하는 자이다.

잊지 말아야 할 것이 있다. 교역자는 기본적으로 영성의 사람이어야 한다. 영성 위에 실력을 쌓아야 한다. 영성 없는 실력은 머리만 크게 만들 뿐이다. 영성의 사람이 되지 못하면 머리만 뜨겁고 가슴은 차가운 교역자가 된다.

교회학교의 성장은 결국 교역자의 실력에 달려있다. '실력'이라고 해서 세속적인 것으로 생각하지 말아야 한다. 세상적인 노력이라고 생각하지 말아야 한다. 《목회자트렌드 2023》은 말한다. "우리는 거룩한 것과 세속적인 것을 구분하지만 실제로는 맞물려 있다. 춤과 춤추는 이를 구분하기 어려운 것과 같다"[6]

교역자가 실력을 키우려고 '몸부림' 칠 때, 하나님의 '가슴 떨림'이 느껴질 수 있다. 그때야 비로소 춤과 춤사위가 하나가 된다. 영성이라는 춤이 지성이라는 춤사위로, 거룩이라는 춤이 세속이라는 춤사위로 피어난다.

영성도 실력이다. 지금부터 적어도 하루에 1시간 이상은 기도해야 한다.

지성도 실력이다. 지금부터 적어도 일주일에 1권 이상은 책을 읽어야 한다.

나중이 아니라 지금이다. 담당 교역자가 실력을 갖추어야 다음세대의 마음을 열 수 있다.

담당 교역자에게는 **실력**이 곧 핵심 키이다.

2. 보스가 아니라 리더다 _담임목사

보스의 시대는 끝났다

예전에 사람들은 보스에게 환호했다. 한 사람의 결단력과 추진력이 필요했던 시대였기 때문이다. 이제는 사람들이 보스를 좋아하지 않는다. 보스의 시대는 끝났다. 담임목사가 보스이면 다음세대 교육에 마이너스 요인이 된다. 한때 인터넷을 뜨겁게 달구었던 이 그림 한 장이 모든 것을 설명한다.

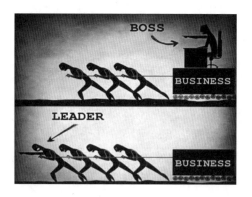

사회는 보스가 아니라 리더를 찾는다. 그러나 현실에서 리더를 찾는 것은 쉬운 일이 아니다. 홍사중 교수는 《리더와 보스》에서 이렇게 말한다. "요즘 우리 사회를 보면 '보스'라고 할 만한 인물은 흔해도 참다운 리더는 찾기 힘들다. 보스 정도밖에 안 되면서 스스로 리더임을 자처하는 사람만 수두룩하다"[7] 그렇다면 리더와 보스는 어떤 차이가 있는가? 홍사중 교수의 구분법을 들어보자.

> 리더는 사람을 이끌고 간다. 보스는 사람들을 몰고 간다.
> 리더는 선의에 의존한다. 보스는 권위에 의존한다.
> 리더는 '우리'라고 말한다. 보스는 '나'라고 말한다.
> 리더는 '가자'라고 권한다. 보스는 '가라'고 명한다.
> 리더는 남을 믿는다. 보스는 남을 믿지 않는다.
> 리더는 앞에서 이끈다. 보스는 뒤에서 호령한다.[8]

교회에는 여전히 보스가 많다. 코로나 시대를 맞아 점점 더 보수적으로 변해가는 것 같다. 보스 체제는 교회학교의 측면에서 보면 마이너스가 더 많다.

담임목사는 리더여야 한다

담임목사는 교회학교 교육의 총책임자로서 보스가 아니라 리더여야 한다. 리더는 어떤 사람인가?

첫째로, 리더는 '함께하는' 사람이다.

교회학교 부서를 담당 교역자에게만 맡겨 놓는 담임목사가 많다.

심지어 서면으로만 보고 받는 담임목사도 있다. 물론 세대 차이가 나고, 젊은 목회자들이 알아서 잘하리라는 믿음에서 그럴 것이다. 그러나 교회학교의 중요성을 아는 담임목사는 담당 교역자에게만 맡기지 않는다. 교회학교 상황을 점검하고 나아갈 방향이 어떤 것인지 묻고 또 묻는다.

담임목사가 교회학교 운영에 간섭하라는 말이 아니다. 간섭과 참여는 다르다. 간섭은 마음을 상하게 하지만 참여는 마음을 다잡게 한다. 간섭하면 서로에게 걸림돌이 되지만, 참여하면 서로에게 디딤돌이 된다. 실제로 대전에 계셨던 모 담임목사님께서는 항상 나의 사역에 참여해 주셨다. 필요할 때면 부서에 들어와 주시고, 마음껏 사역할 수 있도록 지원을 아끼지 않았다.

담임목사가 함께해 주면 포기할 상황이 와도 멈출 수가 없다. 축구 선수 손흥민은 어린 시절 축구 훈련이 참으로 힘들었다고 말했다. 그러나 멈출 수 없었다. 왜 그랬을까? 그는 말했다. "아버지가 옆에서 똑같이 훈련하니 멈출 수가 없었어요" 실제로 그의 아버지는 이렇게 고백했다.

아이들과 '함께' 운동하는 게 나의 훈련 철칙이다. 아이들에게만 시키고 팔짱을 끼고 서 있지 않는다. 같이 뛴다. 웨이트를 할 때도 시범을 보이며 먼저 하고, 슈팅과 기술 훈련을 할 때도 반대쪽에서 볼을 차고 던지고, 뛰고 주웠다. '네가 하면 나도 한다'. 그것이 내 철칙이었다. 그 고된 훈련을 혼자 한다면 얼마나 힘들겠는가?9)

손흥민 선수는 아버지가 리더로서 함께해 주니 힘든 상황에서도 멈추지 않았다. 교회학교도 담임목사가 함께해 주어야 한다. 담임목사가 함께해 주면 어려운 상황이 와도 담당 교역자가 절대 멈추지 않는다.

다음세대 사역은 어렵고 힘들다. 그러나 담임목사가 함께해 주면 힘을 얻는다. 힘을 얻고 도전한다. 다음세대를 훌륭하게 세울 수 있다는 자신감을 얻는다. 하나님의 은혜와 담당 교역자의 자신감이 맞물리면 교회학교는 반드시 성장한다.

둘째로, 리더는 '책임지는' 사람이다.

살다가 보면 누구나 실수를 한다. 이상하게 잘하려고 하면 더 많이 실수하게 된다. 그렇다고 실수가 꼭 나쁜 것은 아니다. 세계적인 디자이너 임헌우 씨는 월간 채널예스의 '북 콘서트'에서 이렇게 말했다. "실수해야 성장할 수 있다"[10] 그래서 그의 책 제목은 아예 《멋지게 실수하라》이다.

나와 같은 햇병아리 교역자들은 유독 실수가 많다. 임헌우 씨는 실수해야 성장하니 멋지게 실수하라 한다. 하지만 사역의 현장에서 멋진 실수란 없다. 실수하면 문제가 생기고, 문제가 생기면 누군가의 책임이 필요하기 때문이다.

결자해지(結者解之)하면 된다. 내가 묶었으니 내가 풀면 되는 것이다. 풀면 되는데, 사역의 현장에서는 안 풀리는 것이 더 많다. 대부분의 담당 교역자는 내공이 부족하기 때문이다. 실수를 해결할 만큼 많은 경험이 없기 때문이다. 그러다 보면 자연히 사역의 영역이 축소된다. 소극적이 된다.

언젠가 나를 가장 진취적인 사역자로 만들었던 교회가 있었다. 앞에서 언급했던 교회와는 다른 대전의 한 교회이다. 담임목사님은 나에게 이렇게 말했다.

전도사님! 하고 싶은 대로 사역을 해보세요. 마음껏 해보세요. 지금 전도사님의 부서에서 성공하지 못하면 나중에 어떤 사역을 해도 성공할 수 없습니다. 책임은 담임목사가 지는 것이니 자유롭게 해보세요.

나는 지금도 그분의 말을 잊을 수 없다. 담임목사가 책임을 져주니 나는 자유롭게 사역을 했다. 내 기억으로 그곳에서 가장 놀라운 부흥을 맛보았다. 그 후로는 책임을 지겠다는 담임목사를 만나보지 못했다.

담임목사는 교회학교 교장이다. 교회학교 교장은 교회학교 교육에 무한책임을 지는 자리이다. 교회학교에 문제가 발생했을 때 책임을 져주어야 한다. 그래야 담당 교역자가 마음껏 사역할 수 있다. 우리에게는 그런 리더가 필요하다.

진짜 리더를 보았다

한동안 리더의 중요성을 잊고 있었는데, 최근에 리더의 중요성을 일깨워주는 장면이 있었다. 22년 8월 7일 JTBC '어쩌다벤져스 뭉쳐야 찬다 2' 경기이다. 나는 운동을 좋아해서 이 프로그램을 매주 본다.

이날 경기는 창단 1주년 특집 경기로, 과거에 패배를 안겨주었던 '수(秀) FC'와의 리벤지 매치였다. 뭉찬 선수들은 열심히 했지만, 또 지고 말았다. 그것도 막판 역전패로. 그들은 자신에게 화를 내었고, 팀은 상실감에 빠졌다. 그때 안정환 감독이 말했다.

> 여러분 고개 숙이지 마세요. 잘했어요. 우리도 그냥 1:1로 비기려고 했으면 그냥 잠갔을 거예요. 하지만 이기고 싶었기 때문에 내가 콜을 하고 공격적으로 나가서 진 거기 때문에, **이건 저의 잘못이에요. 여러분은 책임이 없어요.**

안정환 감독은 보스가 아니라 리더였다. 진정한 리더였다. 참 리더였기에 선수들은 책임이 없고 지도자인 자기 잘못이라고 했다. 그는 무한한 책임을 지는 리더였다.

앞서 언급한 것처럼 리더가 다음세대 교육에 무한책임을 지면 부서를 담당하는 교역자들이 사역하기 편하다. 그리고 즐겁다. 홍사중 교수도 이렇게 말한다. "리더가 포용력이 있고 인덕을 갖추면 아랫사람들이 마음 놓고 열심히 일할 수 있다."[11]

부서 교역자들은 담임목사가 무한책임을 져주는 리더이기를 원한다. "저의 잘못이에요"라고 말해 주는 리더를 원한다. 나는 안정환 감독의 말을 듣고 많이 울었다.

요즘은 무한책임을 지겠다는 담임목사가 잘 보이지 않는다. 왜 그런 걸까? 모든 책임은 내가 지겠으니 마음껏 사역하라는 담임목사를 만나기가 이리도 힘들까? 교회학교에는 안정환 감독처럼 무한책임을 지는 담임목사가 필요하다. 사람인지라 선한 마음으로 했어도 얼마든지 잘못된 결과가 나올 수 있기 때문이다.

바로, 그때 저렇게 말해 주는 리더.

책임이 자기에게 있다는 리더.

우리에게는 그런 리더가 필요하다. 예수님처럼 자신을 희생하려는 리더가 필요하다. 팬데믹 이후 척박해진 교회교육에서는 책임지는 리더가 필요하다. 그런 리더 밑에서 다음세대는 반드시 성장한다. 부서 교역자들에게 마음껏 사역할 수 있는 사역의 장을 열어주기 때문이다.

책임지는 담임목사 밑에서 다음세대가 성장한다.

담임목사에게는 **책임**이 곧 핵심 키이다!

3. 니즈를 충족시켜라 _장로 & 리더

고객에게 맞추는 기업이 성장한다

고객에게 맞추는 기업이 성장한다. 콩다방(커피빈)과 별다방(스타벅스)을 보면 안다. 둘은 라이벌이었다. 초창기에 두 기업은 매출 면에서 차이가 거의 없었다. SBS에 따르면 2010년에 약 1.9배의 차이만 났다(별다방이 조금 우세).[12] 물론 인식에서는 차이가 있었다. 내 또래의 대부분은 중요한 약속, 이를테면 미팅의 시작을 콩다방에서 했다. 훨씬 더 고급스러워 보였기 때문이다. 개인적으로도 콩다방을 훨씬 선호했다.

나는 지금 광역시에 산다. 내가 사는 곳에는 콩다방이 하나도 없다. 대신 별다방은 32개가 있다(더 생기고 있다). 심지어 2020년 기준으로 둘의 매출 차이는 15.2배 차이가 난다. 왜 이렇게 되었을까? 눈에 보이는 작은 콘센트, 보이지 않는 와이파이 때문이다.

콩다방은 고객의 니즈를 무시했다. 정확하게 말하면 노트북 사용자들의 니즈이다. 이투데이에 이런 기사가 실렸다.

빅데이터의 분석에 따르면, 커피빈은 와이파이가 잡히지 않아 2012년 매출이 전년 대비 50% 이상 뚝 떨어졌다. …커피빈은 와이파이존을 운영하지 않고, 콘센트 역시 찾아보기 힘들었다. 커피숍에서의 고객 행동(공부, 업무, 휴대기기)에 부응하는 서비스가 제대로 이뤄지지 않았다는 점이 매출 저하로 이어진 것으로 분석된다.13)

고객 니즈 맞추기의 실패는 기업의 미래를 불투명하게 만들었다. 어떤 기업이든 한 번 밀리면 회복이 힘들다.

최근 한국소비자원에서 커피 만족도 조사 결과를 보도했다. 상위 7개 커피전문점 중 별다방이 압도적인 1위였다. 다만, 재미있는 결과는 이것이다.14)

– 이용 공간에 대한 만족도[5점 만점]
　　스타벅스　3.96점[7개 전문점 중 4등]
　　커피빈　　4.06점[7개 전문점 중 1등]

최근 조사 결과에 따르면 공간에 대한 만족도에서는 오히려 콩다방이 1위이다. 별다방은 4위에 그쳤다. 어떻게 이런 결과가 나왔을까? 분명 노트북 사용자들의 니즈를 무시했던 기업인데. 이유는 이렇다. 2017년 한경 뉴스 기사의 제목이다.

'카공족 외면에 두 손 든 커피빈 … 와이파이·충전 시설 뒤늦게 확장'15)

콩다방은 홀대했던 콘센트를 늘리고 고객에게 공간적 편의를 더 제공했다. 니즈를 맞추기 시작했다. 덕분에 지금은 공간 만족도에서는 1위이다. 그러나 종합적으로 보면 너무 많은 격차가 생겼다. 별다방은 이미 저만치 앞서나가 버렸다. 따라잡기에는 늦은 감이 많다.

고객의 니즈를 맞추어야 한다. 고객의 니즈를 맞추는 기업이 성장한다. 교회도 마찬가지이다. 다음세대의 니즈를 빨리 파악해야 한다. 니즈를 제때 채워야 한다. 기업이든 교회든 소 잃고 외양간 고치면 안 된다.

교회학교 교육에 다음은 없다

교회학교 교육은 다음세대와 관련되어 있다. 교회학교 교육에 다음세대는 있어도 다음은 없다. 다음이 없으므로 당장 교회학교 교육에 다음세대의 니즈를 맞추어야 한다.

지금 교회의 다음세대는 다른 것에 밀려 고전을 면치 못하고 있다. 먼저, 교회 밖에서는 하나님을 모르는 '다른 세대'에게 밀리고 있다. 한국십대선교회(YFC) 김상준 목사는 국민일보와의 인터뷰에서 말했다.

청소년 복음화율이 3%라고 합니다. 요즘은 0%로 향하고 있습니다. '라떼는 말이야'로 시작하는 추억팔이나 하고 있을 때가 아닙니다.[16]

3% : 97%의 싸움. 지금 우리 아이들이 밖에서 하는 싸움이다. 현

실에서는 17:1의 싸움도 영웅 취급하는데, 우리 아이들은 지금 32:1
의 외로운 싸움을 하는 중이다.

다음세대는 교회 안에서도 밀리고 있다. 힘 있는 '다른 세대', 즉
장년 세대에게 밀리고 있다. 뒤에서도 자세히 적겠지만 보통 교회 재
정의 10%도 교회학교에 투자하지 않는다. 장년은 몇백만 원씩 들여
성지순례를 가지만 다음세대를 위해서는 몇십만 원 쓰는 것도 주저
한다. 몇백만 원 주고 장년부 강사를 초빙하는 것에는 적극적이지만,
다음세대에는 몇십만 원 투자도 고민한다. 재정 투자만 봐도 교회
교육은 다음으로 밀리고 있다.

그러나 다음세대 교육에는 다음이 있으면 안 된다. 다음은 영원히
없다.

진짜로 사랑한다면 아이들의 니즈를 충족시켜라

장로들을 비롯한 교회 중직자들이 교회학교 교육에 미치는 영향
력은 엄청나다. 그런데 중직자들은 다음세대의 니즈 파악에 헛다리
짚고 있는 것 같다. 중직자들은 교회 건물 혹은 부속 건물 짓기에 막
대한 재정을 투자한다. 하지만 다음세대의 니즈는 건물이 아니다.

지금은 무너진 다음세대를 일으켜야 할 때이지 건물을 지을 때가
아니다. 다가올 세상에서 교회가 세상의 희망이 되려면 교회는 건물
이 아니라 다음세대에 투자해야 한다.

그러나 다음세대 교육에는 교회 재정의 10%도 배정되지 않는다.
실제로 내가 사역했던 교회, 친구들이 사역하는 교회 중에 다음세대

에게 가장 많은 재정을 배정한 교회가 15~20%를 배정했다. 장로나 교회의 리더들은 입만 열면 다음세대를 살려야 한다고, 다음세대가 우선이라고 말한다. 그러나 현실은 교회 재정의 10%도 사용하지 않는다.

다음세대 교육을 위해서는 최소한 교회 재정의 30% 이상을 사용해야 한다. 건강한 다음세대를 세우려 한다면 50% 이상 사용해야 한다. 전문가들은 50% 이상을 사용해야 다음세대에 희망이 있다고 말한다.

개인적으로 아는 뉴질랜드 한인교회가 있다. 이번에 한 안건이 당회를 통과했다. 앞으로 교회 재정의 100%를 다음세대를 위해서 쓰기로 장로와 리더들이 결의했다고 한다. **"우리한테는 안 써도 됩니다. 교회의 모든 재정은 다음세대를 위해 씁시다. 다음세대를 살립시다."**

다음세대를 살리려면 재정 투자에 인색하지 않아야 한다. 다음세대가 무너지면 회복이 안 될 수 있다. 배우 김규리는 동료 배우를 조문한 후 인스타에 이런 글을 올린 적이 있다.

잃고 나서야 그 소중함을 깨닫는 일. 소중한 것은 그냥 주어지는 것이 아니기에 … 있을 때 감사함을 알고 소중하게 대해줘야 한다. 잃고 난 뒤에 깨달았을 땐 이미 늦은 거니깐.

존재할 때 소중하게 대해야 한다. 잃고 난 뒤에 깨달았을 땐 이미 늦게 된다. 그런데도 여전히 교회는 건물 올리기에 최선을 다한다. 장로님을 비롯한 많은 리더가 건축에 사활을 건다. 혹은 그런 목적으로 재정을 모으는 데 심혈을 기울인다.

손웅정 씨가 아들 손흥민과 함께 춘천에 유소년 축구 육성 시설을 지었다. 그때 그가 했던 말이다.

> 이 돈으로 빌딩을 사면 넌 더 많은 돈을 가질 수 있겠지만, 이 돈으로 운동장을 세우면 앞으로 아이들이 이곳에서 축구를 배울 것이다. 우리가 대한민국 축구의 미래를 위해 할 수 있는 일이 이것이지 않을까?[17]

유소년들이 축구를 잘하게 하려면 좋은 시설에 투자해야 한다. 교회가 다음세대를 살리려면 다음세대 교육에 재정을 투자해야 한다. 장로, 리더들은 말로는 다음세대를 사랑한다고 하지 말고, 실천으로 보여주어야 한다. 교회 재정의 최소 30%를, 더 나아가서 50%를 다음세대 교육에 투자해야 한다.

어떤 교육에 투자해야 할까?

다음세대를 위한 다양한 분야의 전문가(교육&방송)를 키우는데 투자해야 한다. 글로벌 인재를 만드는 프로그램에 투자해야 한다. 신앙적인 부모를 만드는 교육 프로그램에 투자해야 한다. 가난하고 약한 아이들을 신앙으로 세우는 데 투자해야 한다. 전문적인 신앙 콘텐츠를 만드는 데 투자해야 한다. 각자의 자리에서 각자의 방식으로 다음세대를 세우는 데 투자해야 한다.

사랑한다면 니즈를 찾아야 한다. 니즈를 찾았으면 투자해야 한다. 적극적으로 실천해야 한다.

다음세대의 니즈에 투자하는데 아끼지 말아라.

장로와 리더에게는 다음세대의 **니즈**가 곧 핵심 키이다!

4. 성경적 마인드로 무장하라 _교사

요즘 주위에서 "재미가 없다"라는 말이 많이 들린다. 사는 것이 재미가 없다고 한다. 무엇보다 주위의 교회학교 교사들이 말한다. "목사님! 아이들을 가르치는 것이 재미가 없어요. 예전에는 열정이 있었는데…. " 솔직히 나도 목회가 항상 재미있지는 않다. 오히려 재미없을 때가 더 많은 것 같다. 왜 우리는 재미가 없을까? 에릭 에릭슨(E. H. Erikson)은 우리에게 대답한다.

정체성이 없다면 살아있는 기분을 누릴 수 없다.18)

에릭슨에 따르면 문제는 우리의 정체성이다. 정체성은 내가 누구인지를 아는 것이다. 목사로서 나는 누구인가? 교회학교 교사로서 나는 누구인가? 이 정체성이 희미해졌거나 혹은 잃어버리면 재미가 없는 것이다. 정체성은 대상에 대한 마인드에서 시작된다. 국어사전은 마인드를 이렇게 정의한다.

어떤 개념에 대한 심적인 의욕이나 경향. 또는 그것에 대한 주의력이나 인지도(認知度).

그러니까 정체성이 약해졌다는 말은 결국 대상에 대한 마인드가 약해졌다는 뜻이다. 교사의 마인드 대상은 다음세대이다. 그렇다면 교사의 마인드는 어떠해야 할까? 교사는 다음세대를 향하여 어떤 마인드가 있어야 할까? 어떤 마인드가 있어야 다음세대 교육이 재미있을까? 대답은 너무 단순하다. 성경이다.

뻔하지만 성경이다

교회학교 교사의 마인드는 성경에서 출발한다. 우리는 다음세대를 가르치면서 끊임없이 스스로에게 물어야 한다.

"이것이 정말로 성경적인 가르침인가?"

성경적인 가르침? 너무 뻔한 이야기 아니냐고 반문할지도 모르겠다. 뻔한 이야기가 맞다. 그러나 사역의 현장에서 보면 아는 것과 행동하는 것은 전혀 다른 영역이다. 분명 머리로는 '교회학교 교사'인데 행동은 '그냥 교사'들이 더 많다. 이점에 대해 교회교육 전문가인 한춘기 교수는 이렇게 말한다.

> 많은 사람이 기독교교육에 대해서 잘못된 인식을 가지고 있다. 즉, 기독교 교육을 세속교육 위에 성경 구절이나 신학을 덧붙이면 되는 것으로 생각한다. 그러나 기독교교육이란 이렇게 이중적인 구조를 띠고 있는 것이 아니라 기독교적인 관점에서 또는 그러한 사상에 입각하여 교육의 본질이나 활동을 정의하고, 그 이론을 전개해 나가는 것이다.[19]

한춘기 교수는 우리의 교수법을 꼬집고 있다. 우리는 세상적인 교육법을 중심으로 성경을 가르친다. 혹은 자신이 학습한 교육법 위에 성경을 놓고 가르친다. 쉽게 말하면 이렇다.

한 아이를 볼 때, 성경을 보던 자신의 시각으로 아이를 보는 것이다. 성경의 눈이 아니라 자신이 배워온 눈으로 아이를 보는 것이다. 한 아이에게 말을 할 때, 세상적인 교육법으로 말하는 것이다. 성경적 관점이 아니라 그동안의 경력과 나의 관점으로 말하는 것이다.

틀렸다는 것이 아니다. 교사의 경험과 생각은 중요하다. 그러나 성경이 주연이 아니라 조연이 되면 쉽게 지친다. 결국 내 구미에 맞는 아이만 나의 시각에 들어오기 때문이다. 내 말을 잘 듣고, 나에게 고개를 끄덕여 주는 아이만 내 마음에 차게 될 것이 뻔하다.

만약 그런 아이들이 나의 반에 배정되지 않는다면? 그런 아이들이 다 졸업한다면? 답은 이미 정해져 있다. 재미가 없게 된다. 마인드가 약해지는 것은 너무도 당연한 결과이다.

성경적 교사의 마인드란?

다음세대를 바꾸기 위해서는 3가지의 방향이 있다. 3분야의 마인드를 바꾸면 된다. 첫째로 담임목사의 마인드, 둘째로 담당 교역자의 마인드, 셋째로 교사의 마인드이다. 담임목사가 바뀌면 가장 강력하고 빠르다. 그러나 현실에서는 힘들다. 《교사 베이직》을 쓴 이정현 목사는 말한다.

한국교회의 현실상 담임목사가 하루아침에 교육 마인드를 갖기는 쉽지 않을 것입니다. 전문교육 사역자를 세우거나 찾는 것은 더 어려울 수도 있습니다. 그러면 가장 현실적인 대안은 훈련되고 헌신된 교사를 세우는 길밖에 없어 보입니다.[20]

결국 가장 빠른 답은 교사를 교육하는 것이다. 성경적 마인드를 가진 교사를 많이 키우는 것이다. 그렇다면 성경적 마인드라는 것은 무엇일까? 성경은 교사에게 어떤 마인드를 말하고 있나? 크게 4가지 정도를 기억했으면 좋겠다.

하나, 교사는 하나님 중심의 마인드를 가져야 한다.

다음세대는 하나님의 나라와 세상의 나라를 동시에 살아간다. 교사는 다음세대가 하나님 중심의 삶을 살도록 가르쳐야 한다. 이론이 아니라 실제로 살게 해야 한다. 하나님은 하나님 중심으로 살아가는 삶을 이렇게 표현한다.

… 나는 나의 율법을 그들의 가슴 속에 넣어 주며, 그들의 마음 판에 새겨 기록하여, 나는 그들의 하나님이 되고, 그들은 나의 백성이 될 것이다.

_렘 31:33하 / 새번역

다음세대가 이런 삶을 살려면 먼저 교사의 삶이 하나님 중심이어야 한다. 본인이 하나님 중심이 아니면서 아이에게 하나님 중심의 삶을 살아가라는 것은 교육이 아니다. 본인이 먼저 하나님 중심의 삶을 살아야 한다. 한춘기 교수는 그런 삶을 이렇게 표현했다.

> 학습자의 삶 전체가 하나님께 드려지는 헌신적인 삶이 될 때 교회교육의 목적이 성취되는 것이다.[21]

교사는 하나님 중심의 삶을 살아야 한다. 이 삶은 삶 전체가 하나님께 드려지는 삶이다. 그런 마인드로 다음세대를 교육해야만 한다. 말이 아니라 삶으로 보여야 한다.

둘, 교사는 인내의 마인드를 가져야 한다.

아이들을 사랑하는 것은 진짜로 어렵다. 고린도전서 13장에 사랑의 특성이 나온다(13:4-7). 사랑은 '오래 참고'로 시작하여 '견디느니라'로 마친다. 결국 교사의 직분을 감당하려면 인내가 필요하다. 인내야말로 교사의 핵심 마인드이다. 앞서 언급한 이정현 목사는 말한다.

> 어찌 보면, 우리 아이들도 진정으로 변화되고 싶어 합니다. 단지 자신에게 변화를 일깨워 줄 선생님이 없어서 변화되지 못한 것일 수도 있습니다. 자신에게 조금만 더 인내를 가지고 지켜봐 줄 선생님을 찾고 있는 상황일 수도 있습니다.[22]

이런 교사에게 우리 선조들은 이렇게 말했다. "인내는 쓰나 열매는 달다." 다음세대를 가르치는 교사는 다음세대가 변화될 때까지 인내함으로 기다려야 한다. 인내의 마인드가 있어야 열매를 볼 수 있다.

셋, 교사는 성장 마인드를 가져야 한다.

운전을 못 할 때, 나의 생활반경은 좁았다. 갈 수 있는 거리가 한정되어 있었기 때문이다. 그러나 운전을 배우고 차가 생긴 뒤에는 삶의 반경이 훨씬 넓어졌다. 시간과 공간의 제약이 줄어들었다. 성장이란 그런 것이다. 내가 더 배우고 더 성장하면 생각의 반경도 넓어진다. 생각의 반경이 넓어지면 회복의 반경도 넓어진다. 마인드가 전체적으로 넓어지는 것이다. 그러면 예전에 힘들던 것이 이제는 수월해진다.

지원 스님이 이런 말을 했다. "마음 그릇이 커지면 남을 미워하는 일도, 화를 내는 일도 줄어드니 마음은 언제나 고요하고 평화롭습니다. 그만큼 세상살이도 편안합니다."[23] 결국 교사는 성장 마인드를 가져야 한다. 성장하는 교사는 여러 가지 상황을 충분히 감당할 수 있다. 다음세대를 제대로 가르치려면 교사가 충분히 성장해야 한다.

넷, 교사는 사랑 마인드를 가져야 한다.

하나님의 첫 번째 속성은 '사랑'이다. 요한 1서 4장 8절은 말한다.

사랑하지 아니하는 자는 하나님을 알지 못하나니 이는 하나님은 사랑이심이라

하나님을 진정으로 아는 교사라면 사랑이 우선이다. 다음세대에 관한 그 어떤 질문을 가져와도 모두 적용될 수 있는 대답은 사랑뿐이다.

유흥식 대전교구장은 동양인으로는 처음으로 '교황청 장관'에 임명되었다. 주교는 KBS와의 인터뷰 마지막에 이렇게 말했다. "L'amore Vince Tutto"(사랑은 모든 것을 이긴다)24) 축구 황제 펠레가 세상을 떠나며 전한 마지막 메시지는 "사랑하라"이다. "사랑하라, 사랑하고 사랑하라, 영원히"

교사의 자리는 기교의 자리가 아니라 사랑의 자리이다. 한 영혼에 대한 깊은 사랑으로 서야 하는 자리이다. 사랑이 있다면 다음세대에게 희망을 줄 수 있다. 그 사랑으로 교사직을 수행할 때 어떤 어려움도 넉넉히 이긴다.

이런 마인드를 가진 교사, 제대로 된 교사 한 명만 있으면 다음세대 사역은 충분히 승산이 있다. 건강한 마인드를 가진, 성경적인 마인드를 가진 교사 한 명이면 충분하다.

단, 그런 교사를 다른 곳에서 찾으려고 노력하지 않았으면 좋겠다. 바로 당신이 그런 교사가 되어야만 한다.

교사에게는 **성경적 마인드**가 곧 핵심 키이다!

5. 책임은 부모의 것이다 _부모

매년 교회 학기가 시작되면 학부모들이 찾아온다. "목사님! 제가 OO 엄마예요. 우리 아이 좀 잘 부탁드려요. 원래는 신앙이 참 좋았는데, 갈수록 좀 그래요. 목사님께서 우리 아이의 신앙을 좀 책임져 주세요." 어느 교회에서 사역하든 똑같다. 부모는 자녀의 신앙을 교역자나 혹은 교회학교 교사에게 맡긴다. 자녀의 신앙을 교역자나 교회학교 교사가 책임질 수 있을까?

자녀 신앙교육은 교회가 책임질 수 없다

안타깝게도 다음세대 신앙교육은 교역자나 혹은 교회학교 교사가 책임질 수 없다. 떠맡기 싫어서가 아니다. 코로나와 같은 상황에서는 더욱더 안 된다. 물론 어느 정도는 교역자나 교사가 책임질 수 있다. 그러나 정말 '어느 정도'만이다. 적어도 일차적인 책임, 가장 중대한 책임은 부모만이 질 수 있다.

힐러리 모건 페러(Hillary Morgan Ferrer)는 이렇게 말한다.

하나님은 부모들에게 자녀의 영적 교육에 대한 일차적인 책임을 부여하셨다. 이전 세대에서는 그 부모가 그 책임을 교회, 청소년 단체 또는 기독교 학교에 떠넘기는 것이 드문 일이 아니었다. 하지만 이제는 가능하지 않다. 점점 더 세속화되는 시대에, 그 어느 때보다 부모는 혼미하게 하고 노골적인 적개심을 품고 기독교에 반응하는 사회에 맞서도록 자녀를 준비시켜야 하는 최전선에 있다.[25)]

다음세대 신앙교육은 교회, 청소년 단체 또는 기독교 학교가 책임질 수 없다. 이론만이 아니라 실제로도 그렇다. SFC에서 한국교회 최초로 코로나19와 관련해 전국단위 기독 청소년 인식조사를 시행했다. 그 결과를 《코로나시대 청소년 신앙 리포트》로 출간했다. 여기에 보면 이런 항목이 있다.

  – 신앙교육에 가장 큰 영향을 미치는 사람은?
    1순위 : 학부모 38.7%
    2순위 : 학생 자신 17.6%
    3순위 : 담임목사 14.8%
    4순위 : 담당 교역자 14.1%
    5순위 : 친구 7.4%[26)]

 * 일부 지역에서는 학부모 다음으로 담임목사의 비율이 높았고, 청소년부 인원별로는 10명 미만에서는 학부모 다음으로 담임목사의 비율이 높았다.

학부모들은 위의 인식조사를 충격적으로 받아들이면 좋겠다. 다음세대 신앙교육에 담임목사는 담당 교역자보다 더 큰 영향을 미친다. 왜 매주 보는 담당 교역자가 아니라 어쩌다가 가끔 보는 담임 목사가 아이들에게 더 큰 영향을 끼친다고 생각하는가?

원인은 부모님 때문이다. 부모는 가정에서 담임목사 이야기를 많이 한다. 그것이 좋은 이야기이든 나쁜 이야기이든. 부모의 이야기가 아이들의 머리와 가슴 속에 박힌다. 그것을 담당 교역자의 힘으로 뽑기가 쉽지 않다.

기독 청소년 인식조사에서 신앙교육에 미치는 영향이 학부모가 38.7%이고 담임목사가 14.8%이다. 그러나 나는 결국 학부모가 53.5%(38.7+14.8)라고 생각한다. 다음세대 신앙교육에 절대적인 영향력을 끼치는 사람은 부모이다.

그럼에도 학부모가 담당 교역자에게 자녀 신앙교육의 '전부를 맡긴다?' 건강하지 못한 생각이다. 내 자녀는 내가 키워야 한다. 단지 필요한 부분에 도움을 받는 것이다.

교회는 가정이 아니다

교회는 가정이 아니다. 절대 가정이 될 수 없다. 그런 의미에서 나는 교회가 '어린이집'이라고 주장한다. 대부분 부모가 아이들을 어린이집에 보낸 경험이 있다. 이곳은 자녀들을 잠시 맡기는 곳이다. 아무리 어린이집이 유능해도 아이를 온종일 맡기지는 않는다. 정해진 시간이 되면 아이를 가정으로 데려온다. 어린이집은 다른 아이들과 함께 사회생활의 기초를 배우는 장소이다.

마찬가지이다. 교회 역시 어린이집처럼 잠시 아이를 맡기는 장소이다. 신앙 교육과 공동체 교육을 위해 잠시 우리 아이를 맡기는 곳, 그곳이 바로 교회이다. 그런 점에서 교회는 결코 가정이 될 수 없다.

자녀의 신앙은 부모가 책임져야 한다

교회는 어린이집이기에 자녀의 신앙교육은 부모가 책임져야 한다. 자녀 신앙교육을 부모가 책임질 수밖에 없는 이유가 있다. 부모의 신앙이 곧 아이의 신앙이기 때문이다.

《가톨릭 교회 교리서》1,653항은 이렇게 말한다. "부모는 자녀의 첫째가는 가장 중요한 교육자이다" 부모가 교육하는 대로 아이는 자라난다. 신앙도 당연히 포함된다.

쉽지는 않겠지만 자녀의 신앙교육은 부모가 책임져야 한다. 교회에 전부를 맡기려는 생각을 버려야 한다. 일부분은 맡길 수 있지만, 전적으로 맡길 수는 없다. 교회와 담당 교역자에게 전부를 맡기려 하면 안 된다.

앞으로도 코로나와 같은 펜데믹이 또 우리에게 올 수 있다. 이미 경험한 것처럼 팬데믹 기간에는 자녀를 교회에 보낼 수 없었다. 그럴 때 자녀 신앙교육의 답은 명확하다. 부모이다. 가정은 부모와 자녀가 함께 생활하는 곳이며, 이곳에서 신앙교육이 이루어져야 한다.

부모는 반드시 기억해야 한다. 교회의 크기만큼 자녀의 신앙이 자라지 않는다. 오히려 부모의 신앙만큼 아이의 신앙도 자란다. 그러니 자녀의 신앙은 결국 부모가 책임져야 한다. 자녀의 신앙은 부모에게서 시작된다.

부모에게는 **책임**이 곧 핵심 키이다!

2장
다음세대 다시 보기

다음 없는
다음세대에 다가가기

다음세대 교육 리부팅 1

다음 없는
다음세대에 다가가기

1. 다음세대에 입덕하라

덕후가 존중받는 시대

시대가 바뀌면 단어의 뉘앙스도 달라진다. 대표적인 예가 오타쿠(Otaku)란 단어이다. 두산백과 두피디아는 이 단어를 이렇게 설명한다.

한 분야에 열중하는 사람을 이르는 말. 초기에는 부정적인 뜻으로 쓰였다.

사람들에게 오타쿠의 이미지를 설명해 보라고 하면 대개 다음과 같이 말한다. '현실 도피적인', '애니메이션 중독', '어둡고 사교성 없는 사람' …. 한결같이 부정적이다.

하지만 지금은 어떤가. 시대가 변했다. 오타쿠의 시대는 가고 덕후의 시대가 왔다. 사실 두 단어는 같은 뜻이다. 그러나 오타쿠가 부정적인 뉘앙스를 풍겼다면, 덕후는 애정과 열정을 느끼게 한다. 네이버 시사상식 사전은 덕후를 이렇게 설명한다.

일본어 오타쿠(御宅)를 한국식으로 발음한 '오덕후'의 줄임말로, 현재는 어떤 분야에 몰두해 전문가 이상의 열정과 흥미를 가지고 있는 사람이라는 긍정적인 의미로 사용된다.

부정적인 의미가 긍정적인 의미로 바뀌면서 여기서 여러 단어가 파생되었다.

* 덕질 : 덕후가 자신이 좋아하는 대상에게 하는 행위(行動)이다.
* 최애 / 오시 : '가장 좋아한다'(最愛)라는 뜻. 최근 일본 아이들은 이 말을 '오시'(推し)라고 쓴다.
* 탈덕 ← [휴덕] → 입덕 : 탈덕(脫덕)은 열성적으로 좋아하는 것을 그만두는 상태이다. 덕질을 그만두는 것이다. 반대가 입덕(入덕)이다. 잠시 쉴 때는 휴덕이다.
* 그 외에도 '팬아저'(팬이 아니어도 저장), '성덕'(성공한 덕후)와 같은 것도 있다.

이제는 덕후가 존중받는 시대이다. 과거에는 오타쿠를 향해 비난의 손가락질을 했지만, 지금은 덕후를 향하여 엄지를 치켜든다. 덕후 앞에 성공이란 단어를 붙이는 것도 모자란다. 덕질이 하나의 직업이 되어 '덕업일치'라는 말도 생겨났기 때문이다.

기업은 이런 덕후들을 잡기 위해 천문학적인 돈을 투자하고 있다. '굿즈 마케팅' 같은 것들이다. 기업의 주 타깃이 될 정도로 덕후가 존중받기 시작했다. 바야흐로 덕후의 시대가 펼쳐진 것이다.

덕후는 입덕으로 시작된다

덕후는 입덕으로 시작된다. 모든 일에 단계가 있듯이 덕후가 되는 것에도 단계가 있다. 그 첫 번째 단계가 바로 입덕이다. '오즈앤앤즈' 블로그에는 한 사람이 입덕하여 덕후가 되어 가는 과정을 잘 설명한 글이 올려져 있다.

나의_입덕_단계별_습관

1. 일단 꽂히는 순간이 생기면 그게 얼마나 좋은지 쉴 새 없이 떠들기 시작한다.
2. 할 말이 떨어지기 시작하면 SNS로 검색하기 시작한다.
3. 유튜브에선 SNS에서 못 봤던 웃긴 영상의 FULL 영상이나 개인 직캠을 찾기 시작한다.
4. 마지막으로 저장한 사진을 따로 보기 위해 갤러리에서 폴더를 새로 만들면서 인정한다.[1]

글쓴이에 따르면 입덕은 결국 마음에 특별한 공간을 배정하는 것이다. 허락된 그 공간 안에 이제 덕질로 콘텐츠를 채워 나가게 된다. 그렇게 그 방은 점점 더 넓어지며 또 한 명의 덕후가 탄생하게 되는 것이다.

그런 점에서 보면 입덕하여 덕질하며 덕후가 되는 과정은 우리가 사랑하는 과정과 비슷하다. <고막메이트>에서 작사가 김이나는 입덕을 이렇게 표현했다. "입덕이라는 것도 사랑에 빠질 때랑 크게 다르지 않다."

입덕, 덕후, 덕질이 트렌드인 시대이다. 이제는 누군가를 좋아하는 것이 자랑인 시대이기 때문이다. 《트렌드 코리아 2023》에서는 이 말을 '디깅 모멘텀(Digging Momentum)'이란 말로 설명했다.

디깅 모멘텀은 단지 취미 생활에 대한 트렌드가 아니다. '멀티 페르소나' 시대에 '찐 자아'를 찾으려는 열정 가득한 노력이자, 코로나 사태와 불경기 속에서 흔들리는 실존적 불안에 대처하기 위해 적극적으로 자신만의 행복 전환점을 찾는 삶의 매진이다.

여기에 다음세대를 향한 우리의 방향도 있다. '입덕!'. 우리는 다음세대가 예수님께 입덕하게 만들어야 한다. 세상에 대한 입덕이 아니라 예수님께 입덕하게 해야 한다. 그러기 위해서는 우리가 먼저 해야 할 일이 있다. 우리가 먼저 다음세대에게 입덕하는 일이다.

다음세대가 예수님께 입덕하게 하라

입덕은 변화를 만든다. 앞서 언급한 블로거는 입덕이 "내 마음속의 방을 인정한다는 것"이라 했다. 김이나는 "입덕은 사랑에 빠지는 것과 다르지 않다"고 했다. 트렌드코리아는 "찐 자아를 찾는 열정 가득한 노력이자 행복 전환점을 찾는 삶의 매진"이라고 표현했다. 각자가 표현은 조금씩 다르지만 결국 입덕은 삶의 중대한 변화를 가져온다.

한 번의 변화가 평생을 좌우한다. 한 번 마음을 빼앗기면 인생이 달라질 수도 있다. 신형철 작가는 《인생의 역사》에서 어떤 것에 마음을 빼앗기는 변화가 한 사람의 인생에서 얼마나 중요한지를 이렇게 설명한다.

'덕질', 즉 한 사람이 어떤 것에 최선을 다해 몰두하고 헌신하는 일은 범상한 일이 아니다. 흔히 '덕통사고'라는 말을 쓰는 것은 우연한 계기로 어떤 대상에 '불현듯' 마음을 뺏긴다는 뜻이겠지만, 그런 마음이 발생하는 빈도가 평생 경험하는 교통사고의 숫자와 비슷할 만큼 '드문' 일이라는 뜻으로도, 혹은 덕후로의 전환은 교통사고가 그렇듯이 한 인간에게 '불가역적인' 변화를 초래한다는 뜻으로 해석해 볼 수 있을 것이다.[2]

그렇다면 다음세대는 어디에 마음을 빼앗겨야 할까? 시대는 변해도 답은 변하지 않는다. 예수님이다. 다음세대는 예수님을 만남으로 그들의 인생이 불가역적으로 바뀌어야 한다. 하나님은 다음세대가 그런 세대가 되기를 원하신다. 그 사명을 바로 우리에게 주셨다. 그런 점에서 우리가 반드시 기억해야 할 것이 있다.

입덕에도 순서가 있다. 우리가 먼저 다음세대에게 입덕해야 한다. 우리에게 주어진 자리는 다를 수 있다. 어떤 이는 교사로, 어떤 이는 교역자로, 장로로, 부모로 부르셨다. 그러나 사명은 모두 같다. 우리의 사명은 모두 다음세대에게 입덕하는 것이다.

그들에게 돈과 시간, 열정을 쓰며 덕질을 해야 한다. 다음세대를 향한 진정한 덕후가 되어야 한다. 그럴 때 다음세대도 예수님께 입덕을 시작한다. 아이들이 예수님을 향한 방을 만들고, 그 방을 꾸미기 위해 시간과 열정을 쏟기 시작한다.

입덕이 대안이다. 다음세대가 예수님께 입덕하도록 우리가 먼저 모든 것을 다음세대에게 쏟아야 한다. 다음세대가 예수님께 입덕하는 그날까지! 우리의 사명은 입덕이고, 덕질이고, 덕후가 되는 것이다. 그것이 최고의 방법이다!

2. 새로운 종족이 온다 : 알파세대

완전히 새로운 종족

요즘 출산율 저하가 심각하다. 2018년 합계출산율이 처음 0명대 (0.98명)로 떨어졌다. 해가 지날수록 더 떨어지고 있다. 아이가 없으니 폐업하는 어린이집이 늘고 있다고 한다. 역시 해가 다르게 교회학교 영유아부도 급속도로 줄어들고 있다. 무엇보다 한 아이의 탄생이 참으로 소중한 때이다.

영화 <Nazareno>의 OST 중 'When a child is born'(Sarah Brightman) 는 이 소중한 때를 이렇게 노래한다.

> 한 줄기 희망이 빛이 하늘에 비쳐요.
> 하늘 높이 작은 별 하나가 빛나네요.
> 온 땅에 새로운 아침이 밝아오고 있어요.
> 이런 일들은 한 아이가 태어날 때 일어납니다.

그런 아이에게 어떤 말을 가장 먼저 듣고 싶은가? 물어 뭐하겠는가! 당신이 엄마라면 "엄마"를, 아빠라면 "아빠"를 듣고 싶을 것이다.

다만 연구원들에 의하면 정답은 다음과 같다. '자신을 가장 가까운 거리에서 보살펴주는 사람에 대한 호칭'이 먼저다.[3] 대개는 엄마의 승리이다.

2018년 영국에서 태어난 한 아기가 외쳤다. "알렉사!"[4] 알렉사는 아기의 엄마 이름이 아니다. 미국 IT 기업이 만든 인공지능(AI) 스피커 '에코'의 이름이다. 생후 18개월 된 아이가 처음으로 외친 것은 스피커의 호출 이름이었다. 마치 요즘 우리가 "하이 빅스비" "시리야~"라고 외치는 것처럼 말이다. 이것이 알파세대이다.

경기도 교육청 소속 교사인 최은영 씨는 알파세대를 이렇게 설명한다.

창조와 혁신의 아이콘 스티브 잡스가 세상에 터치 스크린 아이패드를 최초로 선보인 2010년 이후 탄생한 어린이들은 자연스럽게 디지털 기기와 상호작용을 통해서 성장했다. 오감을 통해 외부 자극을 이해하는 발달기 때부터 아이들은 현실 세계와 디지털 세계를 구분 없이 동시에 수용하게 된 것이다. 그렇게 자란 아이들을 우리는 '알파세대'라고 부른다.[5]

알파세대에 대한 위키피디어(영문판)의 설명을 조금 살펴보자.

- 알파세대(Generation Alpha, Gen Alpha for short)는 Z세대(Generation Z)의 뒤를 잇는 인구집단이다.
- '알파세대'라는 말은 호주의 사회학자 마크 맥크린들(Mark McCrindle)이 운영

하는 연구소의 2008년 리서치를 통해 최초로 창안된 말이다.

- 인류 통계학자들에 따르면 알파세대의 시작은 2010~2011년생으로 본다. 알파세대의 마지막은 2025년까지로 본다(중요한 것은 명확하게 합의된 연도는 없다. 보통 2010년 초반 ~ 2020년 중반까지로 본다).

- 그리스 알파벳의 첫 글자인 '알파'에서 따온 알파세대는 세대 전원이 21세기에 출생한 세대이다.

- 알파세대는 스마트폰과 태블릿을 그들 몸의 일부처럼 사용하면서 자라왔다. 부모들은 아이들을 달래기 위함, 교육적인 용도로 그것들을 사용했고, 자연스레 아이들이 전자 기기에 많이 노출되었다. 특히 영·유아, 미취학 아동의 상영 시간은 2010년대에 폭발적으로 증가했다. 약 90%의 어린아이들이 한 살 때 휴대용 전자 기기를 사용했다. 심지어 어떤 경우에는, 아이들이 겨우 몇 달이 되었을 때 그것들을 사용하기 시작했다.[6]

우리 교사들은 아직 Z세대도 버겁다. 나 역시 마찬가지이다. 교회 학교에서 먼저 만나봤던 Z세대도 완전히 이해하기에는 아직 알쏭달쏭하기 때문이다. 이해하려고 해도 이해의 영역을 벗어난 부분이 많다. 그러나 Z세대와는 완전히 다른, 판이하게 다른 세상을 살고 있는 '디지털 원주민 세대(Digital Native Generation)'가 온다. 22년 11월 28일 헤럴드 경제는 이들을 이렇게 소개했다.

'디지털 원주민' 알파세대 … Z 다음세대 아닌, 완전히 새로운 종족[7]

진정한 원주민! 완전히 새로운 종족! 그들이 온다. 우리 교회에, 나의 반에 온다! 아니 사실은 이미 왔다!

종교는 '데이터교'

포노 사피엔스라는 말이 유행이다. 사전에 보면 '포노 사피엔스'를 이렇게 정의한다.

포노 사피엔스(Phono Sapiens)

- 스마트폰 없이 생활하는 것을 힘들어하는 세대
- 스마트폰의 등장으로 시공간의 제약 없이 소통할 수 있고 정보 전달이 빨라져 정보 격차가 점차 해소되는 등 편리한 생활을 하게 되어 스마트폰 없이 생활하는 것이 힘들어지는 사람이 늘어나면서 나타난 용어이다. 영국 경제주간지 《이코노미스트》가 '지혜가 있는 인간'이라는 의미의 호모 사피엔스에 빗대 포노 사피엔스(지혜가 있는 전화기)라고 부른 데서 나왔다.
- 포노 사피엔스는 '스마트폰(smartphone)'과 '호모 사피엔스(homo sapiens)'의 합성어이다.[8]

최재붕은 그의 책 《포노 사피엔스》에서 이들의 등장을 이렇게 소개한다.

미국의 대형 백화점은 문을 닫았고, 100년 전통의 〈타임〉도 파산 후 인수되었다.

우리나라의 한국씨티은행은 무려 90개의 지점을 폐쇄했다.

이제 사람들은 물건을 사러 마트나 백화점에 가지 않고,

종이 신문을 보지 않으며,

돈을 입금하기 위해 은행에 가지 않기 때문이다.

이게 대체 무슨 일일까?

수십 년 동안 유지되던 일상의 모습들이

어떻게 하루아침에 이렇게 달라진 걸까?

이 모든 것은 스마트폰을 손에 쥔 신인류,

바로 포노 사피엔스가 등장했기 때문이다.[9]

최재붕 씨의 책은 2019년에 출간됐다. 그는 이 책에서 "2022년에는 전 인류의 80%가 스마트폰을 쓰게 될 것이라고 하니 앞으로 스마트폰 문명은 무조건 더욱 거센 속도로 확산될 것이다"라고 말한다.

현재 이 글을 쓰는 시점은 2022년이다. 국가통계포털(KOSIS)이 2021년 방통통신위원회, 방송매체이용행태 조사를 했었다. 여기에서 스마트폰 보유 수는 0.94대였다. 즉 94%였다.[10] 2022년 한국갤럽이 전국 18세 이상 1,000명을 조사했다. 결과는 다음과 같다.

2022년 한국 성인 스마트폰 사용률 97%[11]

- 70대 이상 여성은 69%, 디지털 정보 접근성 가장 낮아

63
2장. 다음세대 다시 보기

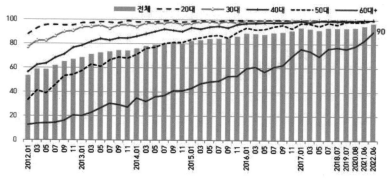

스마트폰 사용률(2012~2022 연령별 %)

전체 - - - 20대 30대 40대 - - - 50대 60대+

* 2012~2017년은 데일리 오피니언 매주 조사 월별 통합, 홀수 월 기준 제시
* 2017년까지는 월별 최소 3,014명에서 최대 7,831명(표본오차 ±1.8~1.1%, 95% 신뢰수준)
* 2018년 이후는 연 1회, 사례수 약 1,000명(표본오차 ±3.1%, 95% 신뢰수준)
* 2022년 사용률: 60대 98%(남녀 동일), 70대 이상 81%(남성 91%, 여성 69%).
  한국갤럽 www.gallup.co.kr

이 조사에서 보면 60대 이상을 제외하고는 스마트폰 사용률이 100%이다. 최재붕 씨가 생각했던 것보다 확산 속도는 더 거셌다. 특히 알파세대는 손에 핸드폰을 쥐고 태어난다고 해도 과언이 아니다. 이들은 잠시도 손에서 핸드폰을 놓지 않는다.

다음세대는 대부분 포노 사피엔스이다. 이들은 핸드폰이 되지 않으면 극도의 불안감을 느낀다. 이들과 수련회에 간 적이 있다. 이들이 수련회 필수품으로 무엇을 들고 왔겠는가? 멀티탭이다. 친구들을 중심으로 한 명의 친구가 멀티탭을 가져와서 전기를 공유했다(멀티탭에 꽂혀있는 충전용 선을 보니 그 친구가 누구랑 친한지를 금방 알 수 있었다).

더불어 이들에게는 '콘센권'이 중요하다. 과거 내가 수련회 다닐 때는 끄트머리 쪽이 유행이었다. 옆에 누가 자지 않아서 편한 자리가 최고였다. 이 아이들은 전부 콘센트 옆쪽으로 자고 싶어 했다. 밤에도 핸드폰을 하며 동시에 충분한 충전을 하기 위해서다. 포노 사피엔스들은 그렇더라.

이런 종족에게는 데이터가 곧 종교이다. 그들은 데이터가 없으면 살지 못한다. 한양대 국어국문학과 이도흠 교수는 말한다.

> 디지털 시대를 맞아 새로운 종교가 형성되고 있다. 바로 데이터교(Dataism)이다. 이는 디지털 정보화를 바탕으로 한다. … 이들이 볼 때, 생명이 창조하고 진화하고 살아가는 것이든, 해와 달과 무수한 별들이 나고 운동하고 사라지는 것이든 알고리즘에 따라 흐른 데이터의 흐름이다.[12]

알파세대는 데이터와 분리될 수 없다. 이도흠 교수의 설명처럼 아직 이들이 빅데이터나 알고리즘을 정확하게 이해하지 못한다 해도 이들은 이제 데이터와 떨어질 수가 없다. 그런데도 교회는 자꾸 이들을 데이터와 분리시키려고만 한다. 강제적으로 떼어 놓으려고 한다. 무슨 의미인지는 안다. 그렇지만 이들에게 이런 방식은 오히려 역효과만 난다. 특히 고학년으로 갈수록 강제적으로 핸드폰이나 패드류를 빼앗는 것은 아이가 교회와 멀어지게 만드는 핵심 요인이다.

새로운 접근이 필요하다. 데이터를 종교처럼 생각하는 이들에게 진정한 믿음의 대상은 하나님밖에 없다는 사실을 어떻게 가르쳐 줄 수 있을까? 김덕년 외 2인이 지은 《포노 사피엔스를 위한 진로 교육》에서는 데이터를 사용하는 포노 사피엔스의 세 가지 특징을 말한다.

- **첫째, 순간성(moment)** : 이들은 순간적이다. 인류 역사에서 이렇게 짧은 시간에 결정하고 행동하는 종족은 없다. 데이터는 어디에서나 바로, 바로 연결이 되어야 한다. 길게 생각할 겨를이 없다. 긴말을 견디지 못하고, 웬만한 어휘는 다 줄여 쓴다.
- **둘째, 무 경계성(no-boundary)** : 이들은 경계가 없다. 경계를 아예 만들지 않는다. 생각도 시간도 공간도 자유롭다. 이들은 가상 현실(VR)과 증강 현실(AR), 그리고 혼합현실(MR)을 자유롭게 넘어 다닌다. 이들에게 가상공간은 또 하나의 현실이다.
- **셋째, 개체성(individuality)** : 네트워크로 연결되어 있지만 또 이들의 관계는 지극히 개별적이다. 혼자 내버려 두기를 원하면서도 혼자 두면 외로워한다. 그래서 예측이 어렵다. 그래도 이들에게 '나'는 출발이자 도착점이다. 항상 '나'가 기준이다.13)

교회는 특히 무 경계성과 개체성에 주목할 필요가 있다. 여기에 교회교육의 강점이 있다. 우리는 무 경계성이라고 말하지만 사실 여기에는 제약이 있다. VR기기나 데이터의 영향력이 절대적이기 때문이다. 더불어 오직 '현재'에만 적용이 가능하다. 하지만 하나님은 진정으로 경계가 필요 없는 분이시다. 하나님에게는 어제나 오늘, 그리고 미래 역시 경계가 없다. 더구나 그분은 어떤 영향력도 받지 않은 분이시다. 우리는 알파세대 아이들에게 이런 것들을 신앙적으로 가르쳐 주어야 한다.

개체성은 데이터교의 가장 큰 약점이다. 흔히 우리는 이것을 양가

감정(兩價感情)이라고 부른다. 혼자 있어야 편하고 좋지만, 또 혼자 있으면 금방 외로워진다. 사역의 현장에서 경험해 보니 알파세대는 이런 감정이 더욱 깊었다. 대부분 형제나 자매 없이 혼자 자란 아이들이 많기 때문이다.

그런 점에서 교회는 무엇보다도 공동체이다. 세상은 시작도 끝도 '나'이다. 반면 교회는 '우리'로 시작하여 '우리'로 진행이 된다. 마지막 구원의 문 앞에서만 '나'로 끝이 난다. 이런 공동체 정신은 양가감정에 맞서는 가장 좋은 처방전이다. 우리는 이런 성경적 가르침을 다음세대에게 전해야 한다. 이것이 우리의 의무이다.

장래 희망은 유튜버

알파세대는 모든 면에서 다르다. 출생도 달랐지만 꿈도 다르다. 기성세대는 변호사, 판사, 검사, 의사 같은 사람들이 되고 싶어 했다. 사법 고시에 합격하여 동네에 현수막이 걸리는 것, 그것이 자식이 부모에게 줄 수 있는 최고의 효도였다. 알파세대는 아니다. 앞서 언급한 헤럴드 경제는 이들의 꿈을 이렇게 기록했다.

알파세대의 가장 일반적인 꿈은 의사도, 변호사도, 연예인도, 운동선수도 아니다. 100만 명의 구독자를 보유한 유튜버가 제1순위다. 대부분의 지식은 유튜브에서 배우고, 공부나 운동을 잘하는 아이들이 인기가 높았던 과거와 달리 요즘은 소셜네트워크서비스(SNS) 계정이나 유튜브 채널 구독자가 많을수록 인기가 많다. 미국 키드플루언서 라이언은 장난감 콘텐츠로 유튜브에서 지

난 2018년 2,200만 달러의 수입을 기록한 것이 화제가 되기도 했다.[14]

매일 경제 역시 '알파세대 … 어리다고 얕보지 말아요'라는 기사에서 그들의 꿈을 말한다.

이미 2021년 수익 상위 10위 유튜버 중 2명이 알파 키즈다. 8살 러시아 소녀 아나스타샤 라드진스카야는 '라이크 나스티야 브이로그(Like Nastya Vlog)' 등 6개의 키즈 전문 채널을 운영한다. 아버지와 콩트 상황극을 주로 만드는데, 유튜브 구독자만 8,750만 명이다. 미국의 11세 유튜버 라이언 카지는 장난감 리뷰, 과학 실험 등을 다루는 콘텐츠로 큰 인기를 끌어 구독자 3,160만 명을 확보했다. 라이언은 2020년 유튜버 수입 1위 자리에 오르기도 했다.[15]

실제로 알파세대의 꿈이 그럴까? 네이버 지식iN은 가장 활발히 Q&A가 오가는 소통의 장이다. 여기에 올라온 몇 가지 질문들을 살펴보자.

안녕하세요. 초 6 장래 희망을 편집자로 두고 있는 학생입니다. 저는 TV 프로그램 편집자, 유튜브 편집자 등 편집을 하는 걸 좋아해 아예 진로를 편집 쪽으로 정했어요. 대부분 프리미어 프로를 많이 사용한다고 하는데, 그 편집기를 사용하기 위한 기초가 궁금합니다….

– 2021년 11월 16일에 올라온 질문

제 꿈이 유튜버인데요 제가 초등학교 2학년 때 철이 없어서 나쁜 짓을 많이 했어요. 학폭을 하거나 피해를 준 적은 없지만, 나중에 유튜버가 되면 논란이 될까요?

- 2021년 8월 13일에 올라온 질문

서울대 VS 100만 유튜버

제가 초등학생인데요. 서울대를 가야 할지 100만 유튜버의 꿈을 가지고 유튜버를 준비해야 할지 고민입니다. 솔직히 요즘 공부 잘해도 취업도 못하고 공무원을 준비한다고 하는데, 그럴 바엔 차라리 21세기에 맞는 유명한 유튜버가 더 존재감 있고 멋있다고 생각하는데 … 여러분들의 답변이 궁금합니다. ㅠㅠ

- 2021년 9월 7일에 올라온 질문

유튜버가 되고 싶은 것은 Z세대도 마찬가지이다. 다만 여러 질문들을 보면 꼭 유튜버만을 고집하는 것은 아닌 것 같다. 다양한 방송 크리에이터 분야를 자신의 장래 희망으로 삼고 싶어 한다. 갈수록 이런 직업들이 더 인기를 얻을 것이다. 알파세대는 부모의 시선과 기대로 자신의 미래를 결정하고 싶어 하지 않는다.

김난도는 《트렌드 코리아 2023》에서 알파세대를 이렇게 설명한다.

오늘날의 알파세대에게는 더 이상 전교 1등이나 엄친아 개념이 통하지 않는다. 달리기를 잘하든 배드민턴을 잘 치든, 자신의 영역에서 하나만 잘해도 인정받을 수 있기 때문이다. 알파세대는 저마다 지니고 있는 기질과 능력이 다르다는 점을 받아들인다. … 또한 이들은 자기중심성이 강한 탓에 '세상에서 제일 중요한 것은 나'라고 믿는 세대다. 그래서 '모두가 셀럽'이라고 여긴다.16)

교회학교는 이들의 꿈을 잘 이해해야 한다. 이해한 만큼 아이들이 마음을 열기 때문이다. 실제로 한 선생님께서 '유튜버'가 꿈이라는 학생에게 잔소리 한 적이 있었다. 그런 거 말고, 제대로 된 꿈을 가지라는 선생님의 걱정이었다. 하지만 그 걱정에 그 학생은 다음 주부터 교회에 오기 싫어했다. 자신의 꿈이 무시당했다고 생각했기 때문이다. 확실히 기성세대와는 다른 정체성이다. 우리는 알파세대의 이런 가치와 규칙을 배우고 존중할 필요가 있다.

출몰지는 다인마버

확실히 알파세대의 놀이 문화는 다르다. 요즘 알파세대들은 놀이터에서 놀지 않는다. 미세 먼지가 많기도 하고 나가서 놀 시간도 없기 때문이다. 대신 새로운 놀이 문화가 등장했으니 이른바 '다인마버'이다. '다인마버'를 굳이 표제어로 잡아서 쓰는 이유는 교회학교 교사들이 이런 아이들의 성향을 잘 알았으면 하는 바람이 반영되어 있다. 물론 이런 곳에서 심방하기를 바라는 뜻도 있다.

조영지 씨의 이야기를 들어보자. 오마이뉴스의 조영지 기자는 초등학교 딸을 둔 친구와 만났다. 친구는 6학년과 4학년 딸을 키우고 있었다. 저녁 시간이 되었을 때, 친구의 딸들은 메뉴로 마라탕을 골랐다. 그녀는 알아들을 수 없는 추가 주문에 놀라며 이렇게 적었다.

이쯤 되면 학생들의 소울 푸드가 떡볶이와 치킨에서 마라탕으로 교체되는 것이 아닐까? 라는 생각마저 들었다. 친구가 뭘 그렇게 놀라냐며 요즘 여자 아이들 노는 코스가 '다이소 → 인생네컷 → 마라탕 → 버블티'라는 깨알 정보도 흘려주었다. "시대 정말 많이 바뀌었구나." '라떼' 같은 말이 절로 튀어나왔다.17)

다인마버의 첫 번째 코스는 다이소이다. 다이소는 알파세대를 집중 마케팅의 대상으로 보고 있다. 다이소는 2022년 5월 틱톡에 계정을 만들고 동영상 게시물을 올리기 시작했다. 화장을 갓 시작하는 알파세대를 공략해 새로운 라인업 화장품을 선보이기도 했다. 이은희 인하대 소비자학과 교수는 말한다.

다이소는 알파세대의 천국이다. 다이소는 가격이 저렴한 데다 물건의 다양성도 좋고 상품 구색도 자주 변화를 주는 매장인데 이런 점들 때문에 알파세대가 다이소를 선호한다.18)

실제로 다이소에 가면 어린 학생들이 많이 보인다. 덕분에 다이소는 영업이익이 2019년 767억 원에서 2020년 1,738억, 2021년 2,838억으로 증가했다.19)

'인생네컷'도 무섭게 성장 중이다. 신한카드 빅데이터 연구소가 2019년부터 2022년까지 신규 창업 가맹점명 트렌드를 알아보니 다음과 같았다.[20]

'골프', '마라탕', '스시', '펫', '인생네컷'

서울 와이어 신문은 'MZ세대가 인생네컷에 열광하는 다섯까지 까닭을 말했다.

첫째, 클래식함. 2X6인치 포토 프레임으로 고전적인 포토 부스 프레임 양식.
둘째, 사진의 특징. 네 멋 구성으로 포즈에 따라 다른 이미지 연출 가능.
셋째, 낭만. 포토 부스의 모양이 다르고 테두리 역시 자신이 선택 가능.
넷째, 개인성. 남이 찍어주는 각도로 혼자서 편하게 찍을 수 있음.
다섯째, 현장성. 제한 시간 안에 바르게 포즈를 취하고 감정을 느낌.[21]

그들은 마라탕을 먹고, 버블티를 마시며 수다를 떤다. 실제로 외식업 폐업률은 느는데, 인생네컷, 마라탕 매장 수는 점점 증가 추세라고 한다. 알파세대에게 이런 매장들은 단순히 멋과 맛을 넘어 하나의 놀이 문화라고 할 수 있다. 이런 놀이 문화를 이해해야 한다. 알파세대의 아들이나 딸이 있다면 "짜장면 사줄까?"보다 "마라탕 사줄까?"라고 말하면 훨씬 더 많은 점수를 딸 수 있다.

교사도 마찬가지이다. Z세대이든 알파세대이든 이 아이들은 우리가 모두 품어야 할 아이들이다. 유대감을 가져야 하는 관계이다. 그렇다면 어떻게 친해질 수 있을까? 여러 가지 방법이 있겠지만 가장 좋은 것은 먼저 친해지고 싶은 대상의 취향을 파악하는 것이다.

아시아투데이 신문에는 '친해지고 싶은 사람과 가까이하는 법'을 이렇게 설명한다. "상대가 어떤 걸 좋아하는지, 어떤 취미가 있는지 등 취향을 파악하면 조금 더 빨리 친해질 수 있다. 공통 관심사는 동질감을 느끼고 끈끈한 유대감도 생기기 때문이다"[22]

아이들과 다이소에 가자. 인생네컷에서 사진도 찍자. 마라탕을 먹고, 버블티도 한 잔 마셔보자. 분명 유대감이 생길 것이다. 이들의 트렌드를 익히고, 이들의 트렌드를 함께 공유한다면 분명 이들의 마음을 얻는 길이 열릴 것이다. 주저하지 말고 아이들이 무엇을 좋아하는지 물어보라. 그리고 그 좋아함을 함께 해주어라. 분명 다음세대에게 가장 인기 있는 대상이 될 것이다.

3. 알쏭달쏭하다 : Z세대

이제 M은 좀 빼자!

MZ를 분리할 때가 왔다. 그동안은 둘을 하나로 묶어서 보는 것이 대세였다. 서점만 가더라도 MZ세대를 하나의 세대로 보는 책이 많다. 《MZ세대가 쓴 MZ 사용설명서》, 《MZ 익스피리언스》, 《MZ세대와 꼰대 리더》, 《MZ세대와 라떼 사장님이 함께 만드는 조직문화》 등등. 엊그제 참석했던 어느 교육부 회의 주제도 <MZ세대 콘텐츠 감성>에 관한 내용이었다.

그러나 실제로 위키피디어 영문판에서 'MZ Generation'을 치면 검색 결과가 없다. 페이지가 뜨지 않는다. 우리는 두 세대가 마치 한 세대인 것처럼 말하지만 실상은 그렇지 않기 때문이다. MZ세대를 같이 묶는 것은 억지 밈(meme)에 가깝다. 오른쪽 그래프는 미국과 영국의 세대 구별을 나타낸 것이다.[23]

서구는 MZ를 묶어서 보지 않는다. 물론 이런 나라들이 무조건 정답이라는 뜻은 아니다. 다만 우리가 세대를 나눌 때 주로 선진국의 세대구성을 참조하는데, 서구에서는 묶지 않는다. 유독 한국만 둘을

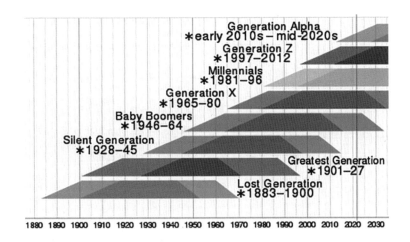

묶어서 본다. 한국어 위키피디어 페이지에는 'MZ세대'가 있다. 'MZ세대'로 검색하면 이렇게 설명한다.

MZ세대는 밀레니얼 세대와 Z세대를 통틀어 지칭하는 대한민국의 신조어이다.[24]

M과 Z를 하나로 묶기는 뭔가 억지스럽다. 세대 구분표에 의하면 다음과 같다(2022년 기준).

M세대	1981년 ~ 1996년까지	41세 ~26세 (만 나이)
Z세대	1997년 ~ 2012년까지	25세 ~ 10세 (만 나이)

만 41세부터 만 10세를 하나의 세대처럼 묶을 수 있을까? 나는

1982년생, M세대이다. 조카는 2009년생, Z세대이다. 그 세대가 그렇듯 조카는 BTS에 빠져 정신을 못 차린다. 하지만 나는 멤버의 이름조차 다 모른다. 5~6년 차이만 나도 대화하기 어려운 부분이 많다. 하물며 M세대의 거의 마지막인 나와 거의 알파세대에 가까운 조카 사이는 오죽하겠나? 그런 우리가 MZ라는 하나의 이름으로 묶이기에는 뭔가 큰 벽이 존재하는 것 같다.

나무위키 사이트는 이렇게 설명한다.

'MZ세대'는 밀레니얼세대와 Z세대를 합쳐 부르는 말이다. 한국에서만 쓰이는 개념으로, 언론이나 정치권 혹은 몇몇 기업에서만 쓰이는 억지 밈이다. 언론의 엄청난 파급력에 의해 쓰이는 용어라고 볼 수 있다. 비슷한 예로 '이대남'이 있다.[25]

MZ세대는 마케팅 용어이다. 대학내일20대 연구소에서 2018년에 발간한 책《트렌드 MZ 2019》가 시작이다. 이 책의 들어가는 말의 첫 표제는 '밀레니얼과 Z세대가 함께 움직이면 트렌드는 진화를 시작한다'이다. 연구소의 설명을 들어보자.

… 밀레니얼과 Z세대의 마이크로트렌드가 사회 전반에 영향력을 미치는 주류 트렌드로 진화하는 데 걸리는 시간이 평균 1년이라는 점이다. … 현재 대한민국의 약 30%를 차지하는 밀레니얼 세대가 비즈니스 협업의 주요 파트너라는 점을 감안한다면, 앞으로의 소비시장을 이끌 밀레니얼 세대에 대

한 이해와 분석이 Z세대에 대한 분석과 함께 미래의 비즈니스 환경에 매우 중요한 요소가 될 것으로 예측된다.[26)]

M과 Z는 소비적인 측면에서 묶인 것이다. 그렇다고 소비가 같다고 할 수도 없다. 설명에 의하면 그저 주류 트렌드로 진화하는 데 걸리는 시간이 같고, 비즈니스 협업의 주요 파트너라는 점이 공통점이다. 이런 공통점도 있을 수 있다.

		M세대	Z세대
공동점		디지털 세대이며, 재미를 추구한다. 사고가 자유롭다. 사생활 간섭을 싫어한다.	
차이점	부모와의 관계	부모는 권위적	부모는 친구
	소비	가격을 중심으로 판단 평소 실속, 때론 과감함	디자인과 포장 중요 쉽게 충전해서 그때그때 가볍게 사용
	라이프 스타일	관계 중심의 술자리 신용카드 사용	금주. 운동. 육류 소비 제한 스마트폰 결제

간략하게 봐도 공통점보다는 차이점이 더 많다. 신한카드 빅데이터 연구소 역시 M세대와 Z세대는 다른 세대임을 말한다.

M세대는 디지털과 아날로그가 혼재된 환경에서 자랐다. 인터넷과 스마트

폰도 있었지만, 아날로그 감성이 어느 정도 남아 있는 시대를 거쳐왔다. 반면 Z세대는 온전한 '디지털 네이티브'라고 부를 수 있다. 태어나서 얼마 가지 않아 패드와 스마트폰을 손에 쥔 세대이다. 따라서 이들은 컴퓨터나 스마트폰이 더 익숙하고 글자로 만든 콘텐츠보다 이미지와 동영상 콘텐츠에 익숙하다.27)

당연히 향후 마케팅 방향이 달라야 함을 말하고 있다. 김난도 역시 《트렌드 코리아 2022》에서 이렇게 말한다.

흔히 'MZ'라는 이름으로 밀레니얼과 Z세대를 합쳐서 언급할 때가 많지만, 그 둘 사이에는 적잖은 차이가 존재한다. 그 차이를 만드는 여러 요소 중 하나가 … 그들의 부모 세대다.28)

빅데이터 전문 기업 바이브컴퍼니가 집필한 책 《2023 트렌드 노트》에도 이런 구절이 나온다.

도대체 'MZ세대'는 누구인가? 트렌드 리더? 취준생? 사회초년생? 주택 복지 대상인 청년? 정작 본인들은 '나랑 10살도 넘게 차이 나는 40살도 MZ라던데, 서로 말이 안 통한다'라며 MZ라는 용어 자체를 질색한다.

교회 교육에서도 M과 Z는 분리될 필요가 있다. 특히 우리가 '다음 세대를 살리자'라는 기치(旗幟) 아래 모였다면 어디를 시작으로 봐야 할까? Z세대이다. 나와 비슷한 또래는 이미 장년의 반열에 들어갔고, 또 들어갈 예정이다. 그런 점에서 본다면 우리가 교회 교육을 말할 때, MZ보다는 Z세대라고 하는 것이 맞다(더 정확히는 'Z알파세대'이다). 이제 교회 교육에서 MZ는 말하지 말자. M은 다음세대 교육이 아니라 다른 신앙교육이 필요한 세대이다. 이제 M세대를 놔줘야 할 때이다. 제발, 이제 M은 좀 빼자!

간단함, 별다줄 세대!

Z세대의 특징은 간단함이다. 가장 먼저 그들은 언어를 간단하게 줄여버린다. 그러다 보니 처음 그들의 언어를 접하면 굉장히 당혹스러운 느낌이 든다. 무슨 뜻인지 모르기 때문이다.

예능 프로그램인 <오픈런>에서 MC인 전진과 김지민에게 Z세대의 언어에 관한 퀴즈를 냈다. 한 문제도 맞히지 못한 김지민이 볼멘소리로 말했다. "별걸 다 줄인다."

임홍택 씨 역시 90년대생의 첫 번째 특징을 '간단함'이라고 설명한다. "그들은 모든 길고 복잡한 것을 좋아하지 않는다. 심지어 피해야 할 일종의 악으로 여기기도 한다."[29]

언어를 알아야 그들을 이해할 수 있다. 경북대 국어국문학과 김덕호 교수는 말한다. "언어는 문화를 담는 그릇이다. … 모든 언어의 어휘는 그 문화권에서 중요하다고 생각되는 것을 반영한다"[30] 그래서 그들의 언어를 보면 그들을 알 수 있고, 그들의 문화를 알 수 있다.

그런 의미에서 당신은 Z세대를 얼마나 이해하고 있을까? Z세대의 언어와 문화. 다음을 한 번 풀어보자.

Q) '분조카'는 무슨 뜻인가?
Q) '알잘딱깔센'은 무슨 뜻인가?
Q) '먼작귀'는 무슨 뜻인가?
Q) "나 지금 통모짜핫도그야" 무슨 뜻인가?
Q) 그렇다면 '통모짜핫도그'의 반대말은 무엇인가?

정답은 다음과 같다.
분위기 좋은 카페 / 알아서 잘 딱 깔끔하게 센스 있게 / 뭔가 작고 귀여운 녀석 / 나 오늘 너무 피곤해 / 요즘잘자쿨냥이

언젠가 고등부 아이들이 "목사님! 알잘딱깔센! 부탁해요!"라고 했다. 도대체 무슨 말인가 싶었다. 요즘은 나도 이 말을 많이 사용하는 것 같다. 마지막 문제는 해설이 조금 필요할 듯싶다. 이런 말에 Z세대의 언어 취향이 담겨 있다. 한 마디로 우리가 이해하기 어렵다는 뜻이다.

통모짜핫도그는 '통 못 자서 피곤한 상태'를 뜻하는 신조어이다. '통 못 자'를 '통모짜'라고 읽히는 발음 그대로 나타낸 것이다. 즉, '나는 오늘(지금) 통 못 자서 피곤한 상태'라는 뜻이다. '통모짜핫도그'의 밈이 유명해지자 그 반대말이 등장했다. 혹시 무엇이라고 생각하나?

통 못자 – 요즘 잘자

핫 – 쿨

도그 – 냥이(캣)

'요즘잘자쿨냥이'이다(어떤 지역은 '요즘잘자쿨캣'이라고 쓰기도 했다). '개운하게 잘 잔 상태'를 의미한다. 이런 식으로 쓸 수 있다. "요즘 통모짜핫도 그렸는데, 오늘은 요즘잘자쿨냥임"

이들의 언어는 외계어 같다. 실제 외계인이 쓴다고 해도 믿을 것 같다. 그러나 이들과 대화하려면 이들의 언어를 알아야 한다. 이들과 어떤 일을 함께하려고 해도 알아야 한다. 시니어 신문은 이런 표제로 기사를 올린 적이 있다.

'알다가도 모를 MZ세대? … 이들 언어 알면 마음도 보인다.'
 전문가들은 "인류는 동양과 서양 문화가 다르고, 남자와 여자의 생각이 달라도 서로의 언어를 배우면서 이해하고 존중하며 살아왔다"며, 이제는 기성세대가 MZ세대의 언어를 살펴보고 익히면서 한 걸음 다가가는 것도 세대 소통을 위한 좋은 방법이라고 지적한다.[31]

그들을 알려면 그들의 언어를 이해해야 한다. 많이 회자되는 것들을 정리해 본다. 유행은 또 변하겠지만, 그래도 한 번 읽어 보고 또 외워 놓으면 반드시 쓸 일이 생긴다. 특히 다음세대를 이해하고 받아들이는데 좋은 매개체가 되리라고 생각한다.

갑통알	**갑**자기 **통**장을 보니 **알**바를 해야겠다	쉽살 재빙	**쉽**게만 **살**면 **재**미없어 **빙**고
갓수	**갓**(God) **백수**	설참	**설**명 **참**조
갠소	**개**인**소**장	생선	**생**일 **선**물
낄끼 빠빠	**낄** 때 **끼**고 **빠**질 때 **빠**져라	쉼포족	**쉼**을 **포**기한 **족**속
남아공	**남아**서 **공**부나 해	오저 치고	**오**늘 **저**녁 **치**킨 **고**?
캘박	**캘**린더 **박**제	웃안웃	**웃**긴데 **안 웃**겨
박박	'대박'을 뜻하는 신조어	H워얼V	'사랑해'를 반대로 뒤집은 모양(ex 난 너를 H워얼V)
넘사벽	**넘**을 수 없는 **사**차원의 **벽**	택노	**택**시의 **노**예
누물보	**누**가 **물**어 **봤**나	인구론	**인구**의 90%가 **논**다
닥본사	**닥**치고 **본**방(본방송) **사**수	애빼시	**애**교 **빼**면 **시**체
법블레스유	**법**+**bless**+**you** 법이 당신을 살렸다(선 넘은 행동을 했을 때, 법이 살렸다는 의미)	어쩔 TV	어쩌라고 안 물어봤는데 (어쩌라고 뒤에 가전제품을 다 붙일 수 있음. 어쩔 냉장고, 어쩔건조기)
당모치	**당**연히 **모**든 **치**킨은 옳다	저메추	**저**녁 **메**뉴 **추**천
빠태	**빠**른 **태**세 전환	문찐	문화에 뒤쳐진 사람
빼박캔트	**빼**도 **박**도 못한다 (빼도 박도 +**can't**)	핑프	핑거프린세스, 손가락도 까딱도 안하는 공주
번달 번줄	**번**호 **달**라하면 **번**호 **줌**?	킹받쥬	열받쥬
비담	**비**주얼 **담**당	취업 깡패	취업이 잘되는 학과

다음 없는 다음세대에 다가가기

ㅇㅈ(ㅇㅈㅈ)	인정(어,인정)	ㅇㄷㄱ	어, 동감	ㄱㅇㄷ	개이득
ㄱㄱ	고고	ㄱㅎ	극혐	ㅇㄴㄷ	야 나두
ㄹㄷ	레디	ㄱㄷㄴ	극대노 (극한분노)	ㄴㄱㄴ	너곧나 (너의 의견이 나의 의견)
ㅁㅊㄷ ㅁㅊㅇ	미쳤다 미쳤어	ㅈㄱ	즐겜	ㅇㄱㄹ	어그로

재미 빼면 뭐가 남나!

일단 재미있어야 한다. 어떤 이유에서든지 Z세대를 타깃으로 한다면 재미있어야 한다. 임홍택 씨는 말한다.

> 90년대생의 … 특징은 '재미'다. 80년대생 이전의 세대들이 소위 '삶의 목적'을 추구했다면, 90년대생들은 '삶의 유희'를 추구한다. 이들은 내용 여하를 막론하고 질서라는 것을 보면 답답하고 숨 막히는 것으로 생각한다. 그러다 보니 질서를 요구하거나 진중해 보이는 모습을 보면 바로 "어디서 진지국 끓이는 소리가 들리는데?"라며 응수한다.[32]

요즘은 진지함만으로는 안 된다. 다음세대 아이들과 조금만 이야기를 해보면 금방 답이 나온다. 조금만 진지하면 '진지충'(진지함+벌레, 웃자고 하는 이야기에 죽자고 달려드는 사람을 비꼬는 말)이라 한다. 예전에는 진지하면 됐다. 진정성이 있다고 했다. 하지만 요즘은 안 된다. 재미가 있어야 한다. 그래야 대화가 된다. 기실 소비를 보면 그들의 특성을 이해할 수 있다. 그들은 소비도 재미가 있어야 한다. 그래서 생긴 말이 '펀슈머' 이다.

펀슈머(funsumer)

fun(재미)와 consumer(소비자)를 결합한 말로, 물건을 구매할 때 상품에 대한 재미를 소비하는 경험을 통해 느끼는 소비자를 뜻한다. 이는 상품의 종류가 많아지고 개인의 취향이 존중되면서 자리 잡은 소비자 트렌드이다.33)

펀슈머의 힘은 재생산이다. 이들은 단순히 물건을 구매, 소비하는 것에서 끝나지 않는다. 자신의 SNS에 공유한다. 대표적인 예가 우리나라에서 굉장히 유명한 배달 어플 회사의 펀 마케팅이다. 이 회사는 자체적으로 만든 폰트 11종을 완전히 무료로 공개했다. 자사 홈페이지에 접속하면 다운받을 수 있다. 이 폰트들을 활용한 문구류도 판매한다. 자사의 브랜드 가치를 높이면서 동시에 펀슈머들의 지갑을 열게 했다. 재미가 있었기에 SNS에 공유가 많이 되었다.

재미는 국내를 넘어 해외까지 전파된다. 대표적인 예가 불닭 볶음면이다. 검색 페이지에 '불닭 볶음면'을 치면 '먹방' 혹은 '도전'이라는 단어와 함께 등장한다. 유튜브에서 보면 한 영국인은 아예 불닭 볶음면으로 콘텐츠를 제작한다. '영국 남자 ***의 불닭 볶음면 도전 영상', '영국 고등학생들에게 불닭볶음면을 줬더니', '불닭볶음면 도전 : 미국편', '마블 영웅들의 불닭볶음면 도전'. 이에 질세라 업체는 핵 매운 불닭볶음면을 출시한다.

나중에 기회가 된다면 이 회사의 유튜브에서 '세상의 기준을 불태워라! 불닭볶음면' 영상을 한 번 보기 바란다. 진짜 참신한 콘텐츠이다. 여기 이런 가사가 나온다.

라면은 가장 편한 식사라고
날 삼시 세끼에 가두지 말아 줄래 …
심지어 난 라면이 아닐지도 몰라.

가사가 재미있다. 심지어 영상도 재미있다. 12월 8일 베타뉴스 기사이다. "식품업계 최초 4억 불 수출 달성한 삼양 식품, 그 저력은 '불닭 브랜드'". 회사는 말한다.

이는 모두 불닭 브랜드 덕분입니다. 불닭볶음면으로 시작된 불닭 브랜드는 우리 회사 해외 매출 중 70% 이상을 차지할 정도로 전 세계적으로 큰 인기를 누리는 중입니다.[34]

이런 제품의 성장을 보면서 느끼는 것은 일단 '재미'가 있어야 한다는 것이다. 임홍택 씨는 이런 현상을 이렇게 설명한다.

90년대생들의 의식은 기본적인 자아실현의 충족을 위해 힘쓰는 '유희정신'에 기울어져 있다. 이념적 세계보다 연극적 세계가 더 중요하다. … 이전 세대들과 다른 욕구를 가지고 있다는 점, 유희를 추구하며 살아간다는 점은 이들의 세계를 다르게 만든다. 이들은 스스로를 어떤 세대보다 자율적이고 주체적이라고 생각하고 살아갈 것이다. 35)

미국에서 한 때 우버(UBER)가 뜬 이유도 마찬가지이다. 우버는 게임 방식으로 택시회사를 만들었다. 우버는 서버에 샌프란시스코의 디지털 맵을 올려 '게임판'으로 사용했다. '택시를 타고 싶은 게임 참여자'들은 앱을 다운받아 가고 싶은 위치를 표시한다. 이때 게임판 위에 버튼이 올라온다. 게임이 시작되면 내비게이션이 켜진다. 이런 식으로 택시를 게임처럼 만들었다.

겨우 이 차이가 대박을 냈다. 소비자들 사이에 급속도로 확산되기 시작했다. 깜짝 놀란 택시 업계들이 줄줄이 소송을 냈지만 패소했다. 왜 이런 일이 일어났을까? 달랑 이 경험이 Z세대 소비자들에게는 재미있었기 때문이다.

이것을 보며 《포노 사피엔스》의 저자 최재붕 씨는 이들을 이렇게 정의한다. "불편해도 재미있으면 선택한다"36) 확실히 이들은 소비에도 선택에도 재미가 있어야 한다. 문제는, 세상은 재미있는데 교회가 재미가 없다는 것이다. 여전히 교인들은 "교회는 재미를 추구하는 곳이 아니에요", "교회는 예배드리고 훈련하는 곳이에요"라고 말한다. 일리는 있다.

힐러리 모건 페러(Hillary Morgan Ferrer)는 자신의 저서에서 변증가 프랭크 튜렉(Frank Turek)의 글을 인용한다. "우리가 아이들을 교회에 머무르게 한 바로 그 일(재미있는 활동)이 아이들을 도로 빼앗아 갈 수 있다" 에드 스테쳐(Ed Stetzer)는 "너무 많은 청소년부가 피자 보관함이 되어간다"라고 했다. 무엇이 조심스러운지는 알겠다. 다만 조금 더 마음을 열었으면 좋겠다.[37]

예수님은 유머와 위트가 있는 분이셨다. 우리에게 예배를 가르쳐 주시고, 훈련을 시켜 주신 예수님은 진지하기만 한 분이 아니셨다. 성경을 읽을 때마다 점점 그런 예수님이 많이 보인다. 그러나 우리는 여전히 진지함만으로 아이들에게 다가간다. 2022년 Z세대와 관련된 신문의 헤드라인 기사들을 한번 살펴보자.

* 아시아경제 10월 14일 : '짠테크'도 재미있게…MZ세대다운 절약법
* 뉴스투데이 7월 16일 : "재미에 푹 빠진 MZ세대 잡아라" … 이커머스 업계 '펀슈머 마케팅' 급물살
* 업다운 뉴스 7월 4일 : "기부도 재미있게!" … MZ세대들의 기부방식
* 이지 경제 5월 19일 : 소비에 재미 더한 MZ세대 공략
* 동아일보 4월 14일 : '랜덤 쇼핑' 즐기는 MZ세대 … 소비도 재미

공통된 단어가 무엇일까? 이것이 Z세대의 특징이다. 물론 알파세대도 포함이다. 세상도 이들이 '재미'를 추구하는 세대라는 것을 안다. 공략의 방법에 '재미'의 요소가 반드시 들어가 있다.

그렇다면 우리는 어떻게 이 아이들에게 다가가야 할까? 진지함도 좋다. 그러나 일단 재미가 있어야 한다. 그래야 시작을 할 수 있다. 이들은 일단 '재미'가 있어야 모이기 때문이다. 그 점을 잘 활용했으

면 좋겠다. '재미가 시작이다!'

양극화 소비

속도가 10배 빨라졌다. 스콧 갤러웨이가 한 말이다. 그는 《거대한
가속》에서 이렇게 말한다.

코로나19가 일부 트렌드 방향을 바꾸기도 했지만, 무엇보다 사회에 이미
존재하는 역학 관계를 놀라울 만큼 빠르게 바꾸고 있고, 이로 인해 개인과 사
회, 비즈니스의 모든 추세가 10년 앞당겨졌다.

그런 까닭에 미래를 예측하는 것이 힘든 실정이다. 특히 그동안 당
연하게 여겨지던 '전형성'이 사라지고 있다. 전형성이 사라진다는 말
은 평균이 사라진다는 뜻이다. '평균 실종', 《트렌드 코리아 2023》의
첫 번째 키워드이다. 트렌드 코리아의 설명을 들어보자.

평균이 사라지고 있다. 정확히 표현하면 집단을 대표하는 평균값이 무의미
해지고 있다. 대푯값으로서 평균이 의미 있으려면 해당 모집단이 정규 분포
를 이루어야 하는데, 우리 사회 각 분야에서 분포의 정규성이 크게 왜곡되어
있기 때문이다. 평균성이 기준성을 상실한 경우는 ①양극단으로 몰리는 '양
극화', ②개별값이 산재(散在)하는 'N극화', ③ 한쪽으로 쏠리는 '단극화'로 구
분할 수 있다.38)

이러한 현상은 Z세대에게도 같이 적용된다. 이 가운데 Z세대를 이해하기 위해 '양극화'에 주목하고 싶다. 앞서 그들의 언어와 문화를 살펴보았다면, 이번에는 소비에 대해서 살펴보자. 소비를 보면 Z세대의 특성이 보인다.

코로나 이전 Z세대를 이해하는 소비 키워드는 두 가지였다. 통계청의 자료에 보면 2018년 MZ를 대표하는 키워드는 '욜로(YOLO)'였다. 2019년에는 '플렉스(Flex)'였다. 특히 플렉스는 코로나 이후 다시 활기를 띠고 있는 소비 형태의 하나이다. 사람인의 '2020 플렉스 소비문화 설문조사'에 따르면, 2030 세대 52.1%가 플렉스 소비를 긍정적으로 생각한다고 한다.[39]

코로나 이후로는 소비의 형태가 바뀌었다. 이제는 양극화 현상이다. 매거진한경의 8월 10일 자 표제어는 다음과 같다.

'지금은 '무지출', '짠테크' 시대 … '플렉스', '욜로'는 옛말'

물가 상승률이 심상치 않다. 다들 사는 것이 힘들다고 말한다. 최근 경제협력개발기구(OECD)는 올해 우리나라 물가 상승률 전망치를 종전 4.8%에서 5.2%로 상향 조정했다. 이 전망대로라면 우리나라는 외환위기 당시인 1998년(7.5%) 이후 24년 만에 가장 높은 물가 상승률을 기록하게 되는 셈이다.

특히 영혼까지 끌어모아 대출받는다는 '영끌'로 집을 산 젊은 세대들은 상승하는 금리로 인한 부담으로 '짠테크(짠돌이+재테크)'에 동참할 수밖에 없는 처지가 되었다.[40]

그들은 스마트폰 잠금 화면을 가스 앱이 제공하는 광고로 설정해 둔다. '밀어서 잠금 해제'할 때마다 캐시를 받는다. 이것을 모아 가스 요금을 결제한다.[41] 주식을 할 때도 천원 단위로 사고팔 수 있다. N사 블로그에는 어떻게 짠테크로 주식을 해서 배당금까지 받을 수 있는지에 대한 글들도 많다.

Z세대 직장인들은 허리띠를 졸라매기 시작했다. 점심값부터 줄이기 시작한 것이다. 비싼 식당 대신 편의점 도시락으로 점심을 해결하기 시작한 것이다. 5월 17일 편의점 CU에 따르면 이달 들어 15일까지 도시락 매출은 지난해보다 48.4% 증가했다고 한다. 특히 서울 지역의 오피스 상권 지역들은 무려 61.3%나 증가했다.[42]

'무지출 챌린지'는 이런 상황 속에서 탄생한 말이다. 말 그대로 돈을 한 푼도 쓰지 않고 생활하는 것이다. 유튜브에 '무지출 챌린지'라는 말을 넣으면 많은 영상이 등장한다. '11일간의 무지출 챌린지', '무지출! 오늘도 파이팅!', '오늘도 무지출 성공!' 등이다. 어떻게 하면 무지출을 할 수 있는지 친절하고 자세하게 가르쳐 준다.

인사이트의 함철민 기자는 말한다.

'무지출 챌린지'는 고물가 시대에서 버티고 살아남기 위한 2030 세대들의 생존방식이라 볼 수 있다. 또 그만큼 삶이 팍팍하다는 증거이기도 하다.[43]

실제로 2021년 하반기부터 2022년 상반기까지 소비 행태에 대한 빅데이터를 분석 결과, 소비를 극단적으로 줄이는 '무지출'과 '무소비' 언급량은 30% 증가했다. 반면 명품 소비를 지칭하는 '플렉스', '욜로' 언급량은 11% 하락한 것으로 나타났다.[44]

그러나 여전히 반대의 소비도 성행한다. 용산에 있는 서울드래곤 시티의 인터내셔널 프리미엄 뷔페 '푸드 익스체인지'의 지난 6월 매출은 지난해보다 240% 급증했다고 한다.[45] 10만 원짜리 소주도 등장했다. 한경 라이프에 따르면 소주는 10만 원이라는 비싼 몸값에도 불구하고 하루 만에 1,000병이 넘게 팔렸다.[46]

아시아경제에 따르면 F 호텔에서는 제주 애플망고 빙수를 지난해 6만 8천 원에서 올해 9만 6천 원으로 41% 인상했다. 그러나 6만 원대 빙수보다 약 5배 이상 더 많이 팔리고 있다. L 호텔도 애플망고 빙수를 6만 원에서 8만 8천 원으로 47%나 올렸지만, 지난해 대비 매출이 15%나 증가했다.[47]

이은희 인하대 소비자학교 교수는 말한다.

MZ세대는 경험 소비를 중시한다. 특별한 일상을 SNS 등에 공유하며 남들에게 보여주고 자랑하는 것을 즐긴다. 때문에 작은 사치를 즐기며 특별한 경험을 할 수 있는 스몰 럭셔리 소비가 늘어나고 있다. 앞으로도 이러한 소비가 이어질 것이다.[48]

이상의 내용으로 보면 Z세대의 소비성향은 양극화이다. 이런 식으로 표현할 수 있겠다.

짠테크 – 무지출
VS
플렉스 – 스몰럭셔리

평균이 사라지고 있다. 김난도는 평균이라는 안전지대에서 벗어나야 할 때라고 말한다. 그가 내린 결론에 많은 생각이 든다.

평범하면 죽는다. 근본부터 바뀌고 있는 산업의 지형도에 맞춰, 각자의 핵심 역량과 타깃을 분명히 하여 새로운 전략의 모색이 필요한 시점이다. 특별해야 한다. 평균을 뛰어넘는 남다른 치열함으로 새롭게 무장할 때 불황으로 침체된 시장에서 토끼처럼 뛰어오를 수 있을 것이다.[49]

그렇다. 평균으로는 안 된다. 이미 이 세대는 소비조차도 양극화되었다. 다음세대를 위한 행사나 선물에도 이런 특성이 반영되어야 한다. 예전에는 교회가 무엇을 하든 대략 중간값으로 퉁 치는 경우가 많았다. 하지만 결과치에서 분명히 보여주는 것은, 이제 중간값이 통하지 않는다는 것이다.

요즘 아이들은 평범한 선물은 좋아하지 않는다. 이미 자신들이 가지고 있기 때문이다. 그러니 교회는 확실한 한 방이 필요하다. 매주 평범하게 주는 것들을 아끼자. 필요할 때, 아이들이 원하는 것으로 주자. '평소에 가진 것'이 아니라 '특별하게 가질 수 있는 것'으로 다가가는 것이다.

그럴 때 확실히 아이들의 눈빛이 빛난다. 양극화 시대에는 양극화에 맞는 방법으로 다가가야 한다. 교회는 이 점에 대해서 깊이 생각해 보아야 한다.

3장
리더가 변해야 다음세대가 산다

다음 없는
다음세대에 다가가기

다음세대 교육 리부팅 1

다음 없는
다음세대에 다가가기

1. 자신에게 투자하라 _담당 교역자

당신이 돈과 시간을 투자하는 곳은

인생을 망치는 방법은 의외로 간단하다. 자책하면 된다. 개그맨 박명수는 말한다. "인생에 있어서 스스로를 망치는 습관은 '나 때문에'라고 자책하는 것이다." 완벽주의인 나에게 이것보다 더 좋은 예방책은 없다. 실패의 원인이 항상 나로 귀결되기 때문이다.

JTBC <해방타운>에 출연했던 장윤정도 이렇게 밝혔다.

> 제가 완벽주의 기질이 있어서 스스로를 피곤하게 하는 스타일이다. 누가
> 시키지 않아도. 그래서 여유를 갖고 지내야 하지 않을까 하는 생각을 매일 하
> 는데 매번 완벽하게 해내고 싶은 마음이 있다.[1]

혹시 당신도 완벽주의자가 아닌가? 그래서 인생을 피곤하게 살고 있지 않은가? 너무 많은 변수를 고려하면 피곤하다. 그러다 보면 정작 자신의 시간과 열정, 돈을 어디에 투자해야 할지 잘 모르게 된다. 어느 것 하나 놓치고 싶지 않기 때문이다. 우물쭈물하다가 기회를 놓치기도 한다. 조지 버나드 쇼(George Bernard Shaw)의 묘비명이 나의 이야

기가 된다. "우물쭈물하다 내 이럴 줄 알았다!"

놓침이 또 자책이 된다. 모든 것을 다 잘할 수 없다는 것을 우리는 안다. 뭐 알면서도 안되니까 스스로를 망쳐가며 피곤한 삶을 사는 거겠지만. 그런 우리는 박명수가 내리는 두 번째 처방전을 잘 기억할 필요가 있다.

티끌 모아 티끌에서 벗어나려면 과감히 투자하라, 나에게

무엇이든 벗어나려면 과감한 투자가 필요하다. 티끌이든 완벽주의든 진정으로 나 자신에게 투자할 때 벗어날 수 있다. 박명수의 말을 조금 더 들어보자.

내가 말하는 투자는 영끌해서 주식 투자, ○○코인 투자를 의미하는 게 아니다. 바로 나에게 투자하는 것이다. 계속 배우는 것이다. 나는 비싼 DEM 기계도 구입하고, 열심히 돈 주고 배웠다. 가수가 되기 위해서 음반도 열심히 사 모았고, 사업할 때는 책도 열심히 사 읽었다.2)

나에게 과감히 투자하라는 것은 어떤 의미일까? 교육부 교역자인 우리는 어디에 시간과 돈을 투자해야 할까? 일단 디지털 기술에 투자하는 것을 환영한다. 컴퓨터를 다루는 기술이 시대의 사명이 되었다. 특히 코로나 이후 디지털 기술은 훨씬 더 필요한 생존 기술이 되었다. 김현철 목사가 지은 《메타버스 교회학교》의 첫 번째 파트는

'메타버스 시대의 교회학교'이다. 저자의 주장은 간단하다. '메타버스 교회학교는 우리의 사명'이라는 것이다.

그러나 사명과 현실이 좀 다르다. 사명은 메타버스, 현실은 롤(리그 오브 레전드)이나 던파(던전앤파이터)이다. 많은 교육부 사역자들이 게임을 사명처럼 한다. 어떤 때는 온종일 게임만 할 때도 있다.

교회학교 사역자들은 게임의 티어(등급)가 중요하다고 말한다. 아이들과 대화를 시작하기 위한 좋은 주제라고. 그러다 보니 정작 본인들도 게임에 돈을 많이 쓰고 시간도 많이 투자한다. 사역자들끼리의 대화도 게임에 관련된 것이 많다. 게임이 나쁘다는 것은 절대로 아니다. 이미 게임은 시대의 흐름이 되었으니까.

다만, 시간을 쓰는 곳이 결국 내 마음이 있는 곳이다. 돈을 쓰는 곳에 내 마음도 있다. 예수님도 이렇게 말씀하셨다.

너희의 재물이 있는 곳에 너희의 마음도 있다 _마 6:21 / 공동번역

그렇다면 교회학교 교역자는 어디에 마음을 두어야 할까? 어디에 돈과 시간을 투자해야 할까? 대답은 영성과 지성이다. 사실 디지털 기술은 다른 기술자들의 도움을 받을 수 있다. 게임 못하는 것도 별로 문제가 되지 않는다. 그러나 영성과 지성은 그럴 수 없다. 교역자가 영성과 지성이 없으면 장기적인 사역을 꿈꿀 수가 없다. 연료 없이 장거리를 가겠다고 계획하는 운전자는 없다. 그래서 항상 내 대답은 영성과 지성이다.

조금 더 자세하게 표현하면, '슬로우 영성'과 '깊은 독서'이다. 여기에 투자해야 사역자에게 미래가 있다. 더불어 이것은 다음세대 아이들의 마음을 얻는 열쇠이기도 하다. 나는 불안한 시대일수록 지성과 영성이 답이라고 생각한다. 거기에 길이 있고, 거기에서 답을 찾아야 한다.

슬로우 영성에 투자하라

내가 최선을 다해 노력하는 것이 하나 있다. 2021년 말 즈음에 결심한 이후, 나는 이 말을 안 하려고 무지하게 노력하고 있다.

"바쁘네요"

바쁨이 문화가 되어버렸다. 남녀노소 "바쁘다"라는 말을 달고 산다. 바쁘게 살아야 보람 있는 하루이다. 바쁘게 살아야 시간을 낭비하지 않은 하루이다. 그러나 정말로 그런가? 그런 삶이 당신에게 정말 보람된 삶인가?

나의 경우는 아니었다. 내 인생에서 가장 바쁘게 산다고 생각했던 때가 있었다. 하루에 4시간 이상 자지 않았다. 경상도와 전라도를 넘나들며 2개의 학교를 동시에 다녔다. 사역도 허투루 하지 않았다. 가장 열심히, 가장 바쁘게 산 그때, 아이러니하게도 나는 하나님이 보이지 않았다. 정말로 보이지 않았다.

누구보다 바쁜 삶을 살았던 한 사람, 10년 동안 자신의 달력을 늘까만색 글씨로 채웠던 allure 황보선 에디터도 이런 고백을 했다.

이렇게 바쁘게 살고 있다는 건, 내가 시간을 낭비하지 않고 있다는 의미이고, 어디에선가 쓸모 있게 쓰이고 있는 뜻이라 믿었기 때문에, 나는 내 달력을 몹시 자랑스러워했다. 그러던 어느 날, 응급실에서 번쩍 눈을 떴다. 응급실에 가는 횟수가 점점 늘어날 때가 되어서야, 나는 내가 스트레스에 무척 취약한 사람임을 깨닫게 됐다. 바로잡기에는 몸과 마음도 너무 지쳐버린 후였다. 우리는 언제부턴가 '바쁘다'라는 말을 '잘 지낸다'라는 의미로 사용한다. 바쁨을 당연시하고, 하루 일과를 아주 잘게 쪼개 일을 하나라도 더 해내려 애쓴다. 하지만 커피에 자신을 절이고, 채찍질한 후에 남는 것은 지긋지긋하다는 감정뿐이다.3)

바쁨은 선악과와 같다. 창세기의 표현처럼 보암직도 하고 먹음직스럽기도 하다. 그러나 손을 들어 그것을 따먹는 순간, 그런 감정은 신기루처럼 싹 다 사라진다. 나에게는 하나님의 부재, 황보선 에디터에게는 건강과 감정의 상실, 이것이 바쁨이란 선악과를 따먹은 결과이다. 나는 여기에 중요한 답이 있다고 생각한다. 영성은 결국 속도와 관련이 있다.

이 시대에 사역자는 어떤 영성을 가지고 있어야 할까? 특히 교회학교 교역자는 어떤 영성을 가지고 있어야 할까? 내 대답은 '슬로우 영성'이다. 나는 이 시대의 사역자들이 먼저는 영성에 투자하되, 특별히 '슬로우 영성'에 투자해야 한다고 주장하고 싶다.

'슬로우 영성'이란 말은 존 마크 코머(John Mark Comer)의 책 제목이기도 하다. 그는 왜 우리 같은 교회학교 사역자들이 천천히 가야 하는

지를 이렇게 설명한다. "바쁨은 관계를 죽인다. 사랑하려면 시간이 필요한데 바쁘면 그럴 시간이 없다."4)

우리가 일상에서 놓치고 있는 것들을 생각해 보면 쉽다. 언제 중요한 것들을 많이 놓치나? 언제 아이들과의 관계를 놓치나? '바쁠 때'이다. 중요한 목적을 위해 '바쁘게' 살지만, 정작 그 바쁨 때문에 중요한 목적을 놓치고 있는 것, 그것이 우리의 현실이다. 주와 객의 전도이다.

사역자에게는 슬로우 영성이 답이다. 다들 바쁘게만 가려고 하는 이때, 주위를 둘러보며 그 사람들과 함께 갈 수 있는 느림이 필요하다. 그렇다면 도대체 얼마의 속도로 가야 슬로우 영성이라고 할 수 있을까? 작고한 일본 신학자 고스케 고야마(Kosuke Koyama)는 이 질문에 이렇게 대답했다. "시속 3마일!"(3마일은 5km/h가 안되는 느린 속도이다) 그는 《Three Mile an Hour God》에서 이렇게 말한다.

예수 그리스도께서 이 땅에 오셨다. 그는 '마지막'을 향해 걸어갔다. 그는 그의 기동력을 잃었다. 그는 십자가에 못 박혔다! 그때 그는 우리처럼 3마일의 속도로도 걷지 못했다. 그는 더 이상 움직이지 않는다.

하나님은 사랑이시기 때문에 천천히 걸으신다. 하나님이 사랑이 아니시라면 훨씬 더 빨리 가실 것이다. 사랑에는 속도가 있다. 그것은 내적 속도이다. 그것은 영적 속도이다. 그것은 우리에게 익숙한 첨단 기술의 속도와는 다른 종류의 속도이다. 이 속도는 '느리지만' 사랑의 속도이기에 다른 모든 속도를 추월한다. 시속 3마일. 그것은 우리가 걷는 속도이고 사랑의 하나님이 걷는

속도이다.5)

    현실에서 슬로우는 어색함이다. 일단 우리의 모든 초점은 '빨리' 가는 데 있기 때문이다. 천천히 가면서 느껴지는 외로움을 잘 버티지 못한다. 고독한 것은 딱 질색이다. 당장 손을 들어 핸드폰을 열어야 한다. SNS를 하든 유튜브를 봐야 한다. 어색함, 공허함이 주는 무거운 공기가 불편하기 때문이다. 그러나 이런 빠름은 영성과 함께 갈 수 없다. 내가 생각하는 영성이란 '하나님과 속도 맞추기'이다. 그 속도가 3마일이다.

    그래서 슬로우 영성은 어렵다. 차라리 바쁘게, 빨리 가는 영성이 훨씬 더 쉽다. 그런데도 우리는 천천히 가야 한다. '바쁨'과 떨어져 '고독'을 느낄 줄 알아야 하며, '빨리'와 떨어져 '지겹도록 천천히' 걸을 줄도 알아야 한다.

    마루야마 겐지는 《소설가의 각오》에서 이런 말을 했다. "고독을 이길 힘이 없다면 문학을 목표로 할 자격이 없다(세상에 대해 집단과 조직에 대해 홀로 버틸 대로 버티며 거기에서 튕겨 나오는 스파크를 글로 환원해야 한다)"6) 교회학교 사역자는 그런 영성이 있어야 한다(문제는 그런 배려를 해주지 못하는 교회의 시스템에 있겠지만).

    나는 이 말을 안 하고 싶다.

    "바쁘다"

    안 하는 정도가 아니라 아예 지워버리고 싶다. 내 경우가 그랬기 때문이다. 바쁨이라는 액셀을 밟아가며 인생을 과속으로 달리고 보니 모든 것이 흐릿했다. 주변을 제대로 볼 수 없었다. 하지만 속도를 줄이니 주변이 보이기 시작했다. 아이들의 말이 들리고 표정이 보이기 시작했다.

보이니까 관심이 갔다. 관심이 가니까 대화를 했다. 대화를 하니 기도 제목을 알게 되었다. 기도하니 아이들과 더 친해졌다. 이제 아이들은 문제가 있으면 기도해 달라고 찾아오거나 문자로 기도 제목을 말해 준다. 나는 그때 깨닫게 되었다. 아! 사역자의 영성은 '천천히'에 있구나. 무엇보다 슬로우 영성이 필요한 시대이구나.

지금도 나는 가능하면 아이들과 조금 더 걸으려고 한다. 예배를 마치면 복도를 함께 걸으며 이야기한다. 그렇게 그 아이를 보내고 나면, 다른 아이와 복도를 다시 걷는다. 시간이 허락되는 한 계속 걷고 걷는다. 또는 주일이 아닌 날에 아이들을 만나면 가능한 같은 방향으로 걸으려고 한다. 심지어 내가 다시 돌아오는 일이 있더라도. 그렇게 아이들의 얼굴을 보려고 한다. 코머의 말이 마음속에서 울리기 때문이다.

우리가 하나님과 함께 '달린다'라고 말하지 않고 함께 '걷는다'라고 말하는 데는 이유가 다 있다. 그것은 하나님이 사랑이시기 때문이다.[7]

슬로우 영성은 사랑이다. 그런 점에서 나는 확신한다. 슬로우 영성에 투자하면 반드시 아이들의 마음을 얻는다. 아이들의 얼굴을 보고 걸어라. 그들의 목소리가 들리도록 천천히 걸어라. 그런 속도로 교회학교 아이들에게 다가가라. 슬로우 영성은 교역자이건 교사이건 상관없다. 슬로우 영성은 반드시 아이들의 마음을 얻게 된다. 슬로우 영성은 얼굴과 얼굴이, 말과 말이, 그리고 마음과 마음이 이어지기는 영성이기 때문이다.

독서에 투자하라

또 후회했다. 어쩌면 당신도 이렇게 후회하고 있을지도 모르겠다.

"어젯밤에 그 치킨을 먹지 말걸"

"삼겹살을 먹는 게 아니었어"

나의 이야기이다. 혹자의 조언에 따라 "맛있으면 0칼로리"라고 부르짖어 본다. 그래도 결국 어제 먹은 음식이 곧 내가 된다. 나의 살이 된다. 그래서 프랑스 법관이자 미식가 장 앙텔므 브리야 사바랭(Jean Anthelme Brillat-Savarin)은 이렇게 말했다.

당신이 먹은 것이 무엇인지 말해달라. 그러면 당신이 어떤 사람인지 말해 주겠다.

지식도 음식과 비슷하다. 그러니 이런 질문도 가능하겠다. "당신이 읽은 책이 무엇인지 말해달라. 그러면 당신이 어떤 사람인지 말해 주겠다" 그래서 어제 당신이 읽은 책이 무엇인가? 책이 곧 당신이다. 소설가 개브리얼 제빈은 《섬에 있는 서점》에서 말한다.

사람들은 정치와 신, 사랑에 대해 지루한 거짓말을 늘어놓지. 어떤 사람에 관해 알아야 할 모든 것은 한 가지만 물어보면 알 수 있어. '가장 좋아하는 책은 무엇입니까?8)

소설가 신혜원 씨도 말한다.

정말 알고 싶은 사람에게, 이렇게 물어보면 어떨까? … 노력 대비 효율이 기대 이상일 것이라 장담한다. "(읽은 책 중에) 가장 좋아하는 책은 무엇입니까?9)

당신이 가장 좋아하는 책은 무엇인가?

나의 경우, 아직 '가장'을 꼽기는 힘들다. 그래서 나는 아예 책장을 따로 둔다. 책상에서 조금 떨어진 오른쪽, 여기에는 책을 읽고 정리해 두는 책장이 있다. 대부분의 책은 여기에 있다. 그러나 왼쪽, 책상에 바로 붙어 있는 책장은 '최애 책장'이다. 심지어 색깔도 녹색이다. 요즘 녹색을 가장 좋아해서. 여기에는 정말 좋아하는 책들로만 구성되어 있다. 손만 뻗으면 바로 꺼내서 읽을 수 있도록.

최근에 읽은 책 중에서 가장 마음을 울렸던 책은 손흥민의 아버지인 손웅정 씨가 쓴 《모든 것은 기본에서 시작한다》이다. 이 책을 쓰면서 다른 책은 한두 번 인용했지만, 손웅정 씨의 책은 4번 이상은 인용한 것 같다. 가슴이 뛰어서 그랬다. 이 책을 보며 이 시대를 살아가는 교역자 상(想)에 대한 통찰을 얻었기 때문이다.

무엇보다 교역자는 독서에 투자할 줄 알아야 한다. 흔히 교역자는 사역만 잘하면 된다고 생각한다. 비슷하게, 운동하는 사람은 운동만 잘하면 된다고 생각한다. 그런 고정관념에 손웅정 씨는 단호하게 대답한다. "절대로 아니다!" 그는 자기 삶을 이렇게 고백한다.

> 나에게 축구를 빼고 남는 게 뭘까 생각해 보면 단 한 가지, 책 읽기가 남는다. 축구와 독서, 이 두 가지가 내 삶을 지탱해 온 두 축이다. 지금도 나는 항상 책을 손에서 놓지 않으려 한다.
> 위기가 찾아왔다. 또박또박 지급되는 월급은 끊겼고 빈손으로 삶이라는 전쟁터에 내던져진 기분이었다. 두 아이의 아버지였고 가장이었지만, 축구가 좋아 축구를 하는 것이지 돈을 구걸하러 축구판을 기웃거리고 싶지 않았다. 그때 집어 든 무기 역시 책이었다. 그렇게 내 삶의 고비 고비마다 버팀목이 되어준 존재가 책이었다.[10]

운동도 독서가 뒷받침이 되어야 힘이 생긴다. 삶의 철학이 생기고, 그 철학이 삶의 고비마다 버팀목이 되어준다. 하물며 교역자에게 독서는 얼마나 힘이 되겠는가.

독서는 특히 교역자의 설교에 힘을 실어준다. 흔히들 사역의 핵심은 설교라고 말한다. 얼마 전 박 데이빗 목사가 "목사는 설교하는 사람이 아닙니다"라고 말한 영상을 보았다.[11] 박 목사의 메시지는 설교'만'하는, 그러니까 행동이 없고 말'만'하는 목회자들을 향한 쓴소리였다고 생각한다. 그래도 아직 한국교회에서 '목사는 곧 설교하는 사람'이다. 설교가 곧 교역자의 실력이다.

특히 교육부 교역자야말로 설교가 실력이다. 주어진 시간이 너무 짧기 때문이다. 고등부 기준으로 현재 나는 약 20여 분을 설교한다. 모자라는 부분은 반별 시간에서 채울 수 있다고 생각하면 안 된다. 요즘은 반별 공부도 잘 안된다. 아이들이 학원 가야 한다고 많이 빠지기 때문이다. 딱! 예배만 드리고 간다. 매주 행사하는 것도 아니다. 이런 상황에서 교역자는 무엇에 목숨을 걸어야 하겠나? 어디에 자신의 1주일을 투자해야 하겠는가?

답은 분명하다. 설교이다. 교역자가 설교로 부서 아이들, 더불어 교사 선생님들의 마음을 잡지 못한다면? 대화는 이루어질 수 있으나 심도 있는 대화는 안 된다. 게임 이야기는 되겠으나 신앙 이야기는 안 된다. 신앙에 대해서 신뢰할 수 있는 교역자가 될 수 없다.

설교의 핵심은 독서다. 교육부 교역자는 무엇보다 독서에 시간과 열정, 재정을 투자해야 한다. 《열혈독서》의 저자 박종순 목사는 자신이 만났던 이동원 목사에 대해 이렇게 말한다. "이동원 목사님의 탁월한 설교의 비밀은 '독서에서 시작되어 독서에서 끝맺는다'라는 것을 알게 되었습니다."12)

커뮤니케이션 학자인 박영근 씨도 이렇게 말한다.

아이디어를 얻겠다고 머리만 굴리는 것은 부질없는 일입니다. 유명한 신학자 라인홀드 니버도 설교 때문에 낙담해 앉아 있을 때 '나 혼자만 무에서 유를 창조할 수 있다. 너는 일어나 부지런히 책을 읽어라'라는 하나님의 음성을 들었다고 합니다. 이채절 목사님은 유능한 설교자가 되기 위해서는 최소한

세계 문학 전집 한 질은 반드시 읽어야 한다고 권면합니다.[13]

　　그런데도 갈수록 사람들이 책을 읽지 않는다. 문화체육관광부가 발표한 '2021년 국민 독서 실태'에 따르면 최근 1년간 성인의 평균 독서량(종이+오디오+전자책)은 4.5권이다. 2019년 조사 때보다 3권이 줄었다. 성인 1인이 1년에 5권의 책도 안 읽는 것이다.

　　기독교인은 어떨까? 글과 길 출판사의 김도인 대표는 매일 서점에 간다. 거의 10년째이다. 서점에 가려고 아예 집을 서점 근처로 옮겼다. 그는 서점에서 10년간 일어난 변화 세 가지를 말한다.

　　첫째, 기독교책의 진열 공간이 절반 가까이로 줄어들었다.

　　둘째, 불교책의 공간이 눈에 띄게 넓어졌다.

　　셋째, 기독교 코너에 진열된 책을 찾는 그리스도인들이 점점 줄고 있다.[14]

　　책을 읽으면 일단 대화의 기회를 얻는다. 개인적으로 독서를 많이 하려고 노력한다. 풀타임 사역을 내려놓고 파트로 내려간 이유도 책을 읽기 위해서이다. 한 달에 30권 이상은 손에 들고 있다. 물론 모든 책을 다 정독하지는 않는다. 빠르게 읽고 지나가는 책도 많다.

　　내가 사역하던 교회의 청년들은 내가 책을 많이 읽는 것을 안다. 그래서 묻는다. "목사님! 이 책 읽어봤어요? 궁금한 게 있어서 왔어요" "목사님! 이 책 가지고 있어요? 빌려주세요" 책이 매개체가 되어 신앙의 이야깃거리가 생겼다.

책을 읽으면 신뢰도 얻는다. 적어도 독서에 관한 부분에서 청년들은 나를 신뢰한다. "목사님! 책 선물하려고 하는데 어떤 책을 선물하면 돼요?" 목사님이 추천해준 책이라면 자신이 읽지 않았음에도 기꺼이 선물로 산다. 자랑하려고 하는 말이 절대로 아니다. 다만 책을 읽으니 대화가 되고, 대화가 되니 청년들이 찾아오기 시작했다. 청년들이 나를 신뢰하기 시작했다.

교역자는 무엇보다 독서하는 사람이 되어야 한다. 스티브 잡스가 "소크라테스와 한나절을 보낼 수 있다면 애플이 가진 모든 기술을 내놓겠다"라고 말한 것은 유명하다. 인문학에 자신의 모든 것을 걸고 투자하겠다는 의미다.[15] 하물며 교역자는 어떨까? 성경도 많이 읽어야 하고 다양한 방면에서 독서를 해야 한다. 독서에 시간과 재정을 투자할 줄 알아야 한다. 그럴 때 아이들이 마음에 있는 고민을 털어놓기 시작한다.

결국은 아이들이 듣고 싶은 말을 하는 교역자가 아이들의 신뢰를 얻는다. 어떤 교역자가 아이들이 듣고 싶은 말을 할 수 있는가? 나는 확신한다. 독서에 투자하는 자! 그 사람이 바로 아이들의 신뢰를 얻는다.

지금, 당장 시작하라

언젠가 블로그에서 '최신 건배사'라는 글을 읽어 보았다.

건배 제의자 : 이 세상에는 세 가지의 금이 있다고 합니다. 황금, 소금, 그리

고 지금입니다. 그중에서도 지금이 가장 중요합니다. 지금은 지나가면 다시 돌아오지 않기 때문입니다. 자 여러분 제가 '지금'이라고 하면 여러분은 '즐기자'로 화답해 주시기 바랍니다.

건배 제의자 : 지금!

멤버들 : 즐기자!

우리가 함께 술잔을 마주할 순 없지만, 이것만은 마주할 수 있다. 바로 '지금'이다. 술을 마시는 사람도, 글을 쓰는 사람도, 글을 읽는 사람도, 무슨 일을 하든지 우리는 모두 '지금'이라는 순간을 마주하고 있다. 각자의 장소에서. 여기에 예외는 없다.

'지금, 이 순간'이 문화가 되었다. 욜로(YOLO)이다. 욜로는 한 번 사는 인생이니 하고 싶은 것을 하라는 뜻이다. 즉, 지금, 이 순간 너의 행복이 최고임을 말하는 것이다. 법정 스님도 이렇게 말하지 않았는가!

> 행복은 다음에 이루어야 하는 목표가 아닙니다.
> 당장 이 순간에 존재하는 것입니다.
> 대부분의 사람은 행복을 추구하면서도
> 정작 이 순간의 행복은 놓치고 있습니다.[16]

사역하면서 후회되는 순간이 많았다. 지금이 중요함에도 최선을 다하지 못했을 때. 나는 아이들을 보며 이렇게 생각한 적이 많았다.

"다음에 이야기하지 뭐"

"지금은 바쁘니까 조금 정리된 후에 심방할까?"

"잘 모르겠으니까 완벽하게 준비가 되면 말을 꺼낼까?"

거의 모든 경우에 다음은 없었다. 완벽하게 준비된 순간도 없었다. 그저 놓쳐버린 시간과 끊어져 버린 관계에 대한 아쉬움만 남을 뿐이었다. 유영만은《체인지》에서 이렇게 말한다.

시작하지 않고는 목적지에 도달할 수 있는 방법이 없다. 시작하는 방법은 따로 없다. 그냥 시작하면 된다. 그런데 많은 사람들은 시작하기 위한 이론과 방법을 지나치게 연구한다. 어떻게 시작하는 것이 가장 효과적인 방법인가를 연구하고 완벽하게 시작하는 방법을 알기 위해, 우리는 오랫동안 준비만 하지 않는가. 완벽하게 준비해서 시작하려다 완벽하게 시작하지 못할 수 있다. 어느 정도 준비가 되었을 때 시작하지 않으면 평생 시작할 수 없다.17)

시작에 있어서 언제가 최적의 시기일까? 복잡한 인생의 문제들 앞에서 바울이 제시한 최적의 시기는 언제인가?

… 보십시오, 지금이야말로 은혜의 때요, 지금이야말로 구원의 날입니다

_ 고후 6:2하 / 새번역

과거도 아니고, 미래도 아니다. 바로 지금이 최적의 시기라는 것이다. 바울이 강조하는 '지금'은 이 모든 것들의 대답이다.

아이들과의 관계는 언제 맺어야 하는가? 지금이다.

독서는 언제 해야 하는가? 지금이다.

영성은 언제 시작되는가? 지금이다.

모든 답은 지금이다.

그런 점에서 이것 하나만은 확실하다. 지금 당장 시작하지 않으면 나중에 시작하기는 더 어렵다. 이것저것 재지 말고 일단 시작하라. 그럼 반드시 길은 주어지게 되어 있다.

나는 교회학교의 미래가 여기에 있다고 생각한다. 불확실의 시대에는 일단 시작에 답이 있다. 그것이 무엇이든 간에, 지금 투자하는 것, 나중으로 미루지 않는 것, 일단 시작하는 것, 거기에 우리에 미래도 있다고 생각한다.

그러니, 지금! 당장! 시작하라!

2. '가치'를 '같이'하라 _담임목사

교회학교를 향한 서로의 온도 차

나는 종종 이런 실수를 한다. 아이들에게 "괜찮아~ 나도 그런 적 있었어. 안 죽어! 힘내!"라고 말하는 것이다. 가만히 생각하면 이 아이가 '괜찮아'야 진짜로 괜찮은 건데, 내 기준에서 '괜찮다'라고 미리 말해 버리는 것이다.

한 아이가 말했다. "목사님! 제가 안 괜찮아요" 그 말을 듣고 정신이 번쩍 들었다. 개그맨 유병재의 말이 머릿속에 갑자기 박혔다.

힘들어 죽겠는 사람 앞에서

지가 더 힘들었으니까

힘내라는 놈들은

사고구조가 어떻게 되어 있는 거냐?

온탕에서 열탕 본다고 냉탕 되냐?

사람은 누구나 그렇다. 자신의 기준에서 타인을 본다. 상대의 처지가 아니라 나의 처지에서 생각하고 말해 버리는 것이다. 이것이 바로 '온도 차'이다. 사회는 이런 온도 차를 없애려고 정말 큰 노력을 한다.

2021년 7월 15일 인사혁신처에서 '신바람 나게 일하는 수평적 조직을 위한 10대 과제'를 추진한다고 밝혔다. 내용이 기가 막힌다.

과제 내용은 ▲눈치 야근은 그만하게 ▲식사는 자유롭게, 회식은 건전하게 ▲회의는 똑똑하게 ▲보고는 간결하게 ▲칭찬은 계속되게 ▲결속력(팀워크)은 견고하게 ▲불필요한 일 버리게 ▲관계는 평등하게 ▲휴가는 자유롭게 ▲근무는 유연하게 등 10가지다.[18]

7월 중점 과제 포스터를 가져와 봤다(너무 부러워서).

〈눈치야근은 그만하게〉　　　　　　〈휴가는 자유롭게〉

물론 현실과 이상은 다르다. 현실은 저 포스터처럼 되지 않음을 안다. 그래도 노력이다. 사회는 온도 차를 줄여보려고 포스터까지 만들어서 노력하고 있다. 그런데 교회는? 2016년 기독공보에 한 농담이 실렸다.

문제: 코끼리를 냉장고에 넣는 방법은?
정답: 부목사를 시키면 된다.

기독공보는 이렇게 마무리한다. "위임목사와 부목사의 관계를 우습게 표현한 내용이지만 목회 현장의 현실이 씁쓸하다. … 교회 내에서까지도 '갑을'을 이야기할 수밖에 없는 현실이 씁쓸할 수밖에 없다. '하나님 나라'를 위해 모두가 협력하는 '하나님의 자녀'가 되는 날을 기대한다"[19] 시간이 많이 지났다. 사회만큼 교회도 변화되었을까?

아닌 것 같다. 교회는 여전히 온도 차가 심하다. 2022년 뉴스엔조이에 '고통받는 부교역자들을 위한 항변'이라는 글이 실렸다. 부제가 이렇다. "'앞이마가 얻어터지고, 뒷덜미를 물리는' 부교역자의 삶에 대하여"[20] 어째 온도 차가 더 심해진 것 같다.

그렇다고 담임목사와 부교역자 사이에만 온도 차가 존재하는 것은 아니다. 실제 교회의 현장에서 보면 또 다른 온도 차도 있다. 담임목사와 각 부서 부서장들 간의 온도 차이다. 이 온도 차도 생각보다 심하다. 결국 교회학교에서의 온도 차는 이런 구도이다.

담임목사가 보는 교회학교 - [온도차] - 담당 교역자가 보는 교회학교

담임목사가 보는 교회학교 - [온도차] - 부서 부장이 보는 교회학교

엄청난 온도 차가 있다. 이 온도 차에는 여러 가지 이유가 있을 수 있다. 여기에서 내가 본 온도 차의 주범은 두 가지이다.

과거 회상

보여주기식 행사

이것이 온탕과 열탕 사이에 있다.

과거 회상

담임목사 되기가 '하늘의 별 따기'인 시대이다. 내 주위의 분들만 놓고 본다면 별 따기보다 더 어려운 것 같다. 그들은 매년 열 군데 이상 청빙 서류를 넣는다. 오랫동안…. 그러나 '희망 서류'가 '절망 문자'로 되돌아오는 시간은 그리 오래 걸리지 않는다. 함께 응원하던 입장에서도 마음이 어려워진다. 나라고 상황이 다를까? 오직 한 사람만 '선택'된다. 정말 수많은 경쟁을 뚫고….

한 교회의 청빙 게시판에 있는 내용을 그대로 가져와 본다.

1차 제출서류

· 청빙 지원서 1부(소정 양식 – 본교회 청빙위원회의 양식을 다운받아서 기재)

사진 부착(본인, 사모) 최근 6개월 이내

· 목회 계획서 : 목회 동기, 철학, 비전, 바람직한 목회지 및 교회 상(A4 5매 이내)

· 자기소개서 및 가족 소개서(성장 배경 및 가족의 신앙 이력)

· 주민등록 초본 및 가족관계 증명서

2차 제출서류

· 추천장(현 교회 담임목사 또는 신학 교수) 1매

· 최근 설교 동영상 2편(파일로)

· 시무교회 주보 – 본인 설교 당일 주보임

· 건강진단서 – 본인 & 사모

· 교단 소속 증명서

· 졸업 및 학위 증명서

끝이 아니다. 여기에 임팩트가 필요하다. 죽은 서류에 강력한 호흡을 주는 '성공 스토리'가 필요하다. 그동안 부목사로 '어떻게 사역했는지'가 중요하다. 소위 맡은 사역에서 '성공'한 이력이 필요하다. 그래야 새로운 교회를 성공적으로 맡길 수 있다고 생각하기 때문이다. '성공한 이력'이 '성공적인 사역'을 보장하는 것이 아님에도 불구하고.

이 모든 선택지에서 선택받은 한 사람, 바로 그 사람이 담임목사가 된다. 그러니 하늘의 별 따기보다 어렵다. 다만 그러다 보니 여기에서 문제가 생기는 것 같다. 교회나 교회학교 부서를 성장시켰던 그때의 그 스토리가 지금의 발목을 잡는다. 그때는 맞았다. 그때는 통했다. 그러나 지금은 아니다. 지금은 통하지 않는다. 박양규 목사는 《리셋 주일학교》에서 말한다.

　공교육이 부재했던 시절, 주일학교는 사회의 교육을 주도했고, 교회 교육의 핵심 가치는 아이들의 필요가 무엇인지 반영했다. 무엇을 가르치는지 확실했기에 교회 숫자보다 주일학교가 훨씬 많았고, 이런 요소들이 교회의 성장을 견인시킬 수 있었다.[21]

한 마디로 그때는 되었다. 교회학교가 성장했다. 조금만 열심히 하면 성장했다. 담임목사들은 그 열매를 이미 따먹어 봤다. 지금도 될까? 미래학자 최윤식 박사는 《앞으로 5년, 한국교회 미래 시나리오》에서 이렇게 말한다.

　2045년이 되면 한국의 주일학교(영아부~고등부)는 미전도 종족이 된다. 필자의 예측으로 이단을 뺀 순수한 주일학교만 본다면 빠르면 2030년, 늦어도 2035년경이 되면 미전도 종족에 해당하는 숫자로 감소할 가능성이 크다. 미전도 종족이면 선교의 대상이다. 15~20년 후 한국교회는 어린이, 청소년을 선교의 대상으로 삼아야 하는 미래에 직면해야 한다.[22]

한 마디로 안 된다는 것이다. 박윤식 박사는 다음세대에 대한 접근법이 지금과는 완전히 달라야 함을 말하고 있다.

여기에 교회학교 부장들은 더 현실적으로 본다. 실제로 아이들이 줄어가는 것이 눈으로 보이기 때문이다. 그러다 보니 담당 교역자와 마찰이 있을 때도 있다. 그래도 담당 교역자와는 이야기할 시간이 많다. 매주 보기 때문에 소통은 된다. 하지만 담임목사의 경우는 좀 다르다. 언젠가 교육부 회의에 들어갔을 때, 부장들이 말했다.

"우리 목사님은 참 좋은데 … 현실을 잘 모르는 것 같아요"

"높은 방에서 보니까 교육부가 보이나? 내려와서 직접 봐야 눈에 보이지"

그래도 여전히 이렇게 말씀하는 목사님들이 있다.

"나 때는 다 했어요"

"하면 돼요. 나 때는 더한 것도 했어요"

"참으면 돼요. 원래 교역자는 참으면서 하는 거예요"

"이런 것은 넘길 줄 알아야 담임목사가 되는 거예요"

진짜로 존경한다. 그런 열정과 노력, 그리고 성공이 있었기에 지금의 담임목사님이 되셨다는 걸, 어깨가 무거우시다는 걸 …. 모든 교역자가 알고 있다. 쉽지 않으신 것도 알고 있다. 하지만 세상은 변해가고 있다. 1960년에 밥 딜런(Bob Dylan, 3집, 1964년 발매)은 이렇게 노래하지 않았나?

지금 느린 자가 훗날 빠른 자가 되리라

지금의 현재는 훗날 과거가 되리라

질서는 빠르게 사라지고 있으니

지금 맨 앞에 선 사람들이 훗날엔 나중이 되리라

시대는 변하고 있으므로

– 시대는 변하고 있다(The Times They Are a-Changin')

이제는 안될 수도 있다. 서광원 작가는 《사자도 굶어 죽는다》에서 말한다. "이제 어제와 같은 오늘은 없다. 오늘과 같은 내일도 없을 것이다. 언제 어디서 무슨 일이 일어날지 모른다"23) 그러니 과거의 방식과 생각으로는 안 된다. 적어도 교회학교는 박양규 목사의 말처럼 "이제는 한 사람의 개인기로는 안 된다." 한 사람의 노력으로 모든 것을 좌지우지하던 시대는 지났다. 과거를 회상하면 온도 차만 벌어질 뿐이다.

이제는 과거 회상이 아니라 현실 반영이다. 함께 현실 속에 머리를 맞대야 한다. 시켜서 되는, 맡겨서 되는 시대는 끝났다고 본다. 함께 해야만 한다. 온탕에서 열탕을 바라보면 안 된다. 온탕이든 열탕이든, 그곳이 어디든 함께 있어야 한다. 그래야 온도 차를 느끼지 못한다. 그럴 때 교회학교가 산다. 다음세대에게 미래가 있다.

보여주기식 행사

행사가 없는 교회는 없다. '많고' '적음'의 차이가 있을 뿐이지 행사는 어느 교회에나 있다. 이것이 온도 차의 주범이다. 행사는 확실히 역동적으로 만든다. 그게 부서든 사람이든 일단 움직이는 것처럼 보이게 한다.

교육 전도사 시절 유년부+초등부+소년부가 합심하여 '새친구 초청잔치'를 성대하게 해보자고 계획했다. 부장님들도 뜻이 잘 맞았다. 여기에 대한 온도 차가 없었다. 짐작하겠지만 '성대하게'라는 뜻은 '재정을 많이 써서'라는 뜻이다. 당시에 그 행사에 천만 원 정도 되는 재정을 쏟았다. 지금도 교육부의 행사에 천만 원을 기꺼이 지원해 주는 교회는 잘 없다. 개인적으로 그런 점이 너무 아쉽다.

준비부터 D-데이까지 정말 많은 준비를 했다. 특히 경품 추첨의 선물이 당시 최고의 수준이었다. 노트북을 비롯하여 비싼 자전거까지, 아이들의 눈이 돌아갈 정도였다. 그리고 D-데이. 역대급 기록으로 많은 아이가 왔다. 천명이 훨씬 넘는 아이들이 예배당에 왔고, 본당이 가득 찼다. 정말 뿌듯했다. 정말로.

한동안 많은 아이들이 출석했다. 부서에서도 이 아이들을 잡으려고 노력을 많이 했다. 안 그래도 큰 교회였던 그 교회는 더 큰 교회로 성장했다. 지금도 가끔 그때 함께 했던 전도사님들을 만나면 말한다. "그때, 우리가 영혼을 갈아 넣었지!" 집에도 못 가면서 그 행사를 준비했기 때문이다. 그래서 웃을 수 있었다. 10년도 훨씬 지난 이야기임에도.

그러나 이제는 안된다. 시대가 변했다. 앞에서도 계속 강조했지만, 이제는 그런 행사성 반짝 이벤트가 안 통하는 시대가 되었다. 그런데도 그런 행사는 여전히 진행되고 있다. 그러니까 이런 행사는 쉬지 않고 매년 준비되고, 또 진행되고 있다는 뜻이다. 쉬지 않고 여전히 ~ing.

"지쳤다. 고갈되었다!"

한 청년의 표현이었다. 아무래도 이런 행사에는 특히 청년부가 민감하다. '동원'되기 때문이다. 실제로 내가 담당했던 청년들은 이런 보여주기식 행사에 고개를 저었다. 계속되는 행사에 자신의 열정과 시간을 태우고 있었기 때문이다. 결국 한 청년이 교회를 떠났다. '행사'가 아니라 '말씀'에, '보여주기'가 아니라 '내실 다지기'에 목숨을 건 교회에 다니고 싶다는 희망만 남기고.

GOOD NEWS 신문에서는 말한다.

이때까지 청년들을 다시 교회로 모이게 하려는 수많은 노력이 있었다. 교회가 연합해 개최한 대규모 행사들이나 콘서트 등이 주를 이뤘는데 코로나19로 인해 이마저도 어렵게 되면서 청년 사역자들은 새로운 방법을 모색하고 있다. 또 더 이상 교회가 행사 위주의 사역이 아닌 기초신앙훈련을 통해 말씀의 본질을 되찾고, 목회적인 측면에서 소통과 공감을 하는 사역이 강화되어야 한다고 말한다.[24]

얼마 전, 친한 친구는 자신의 교회에서 치렀던 한 행사에 대해 목소리를 높였다. 교회는 연예인을 초빙하여 성대한 전도잔치를 열었다. 맛있는 음식과 선물도 준비했다. 행사는 꽤 성공적이었다. 많은 사람이 몰려왔기 때문이다.

문제는 그날 행사를 위해 교회학교 예배를 취소시킨 것이다. 게다가 교회학교 선생님들은 그 행사에 동원되었다. 물론 취지는 좋았다.

어렵게 초빙한 연예인을 통해 함께 은혜를 받자는 것이었으니까. 그러나 어린아이부터 장년에 이르는 넓은 스펙트럼을 모두 만족시키는 말씀은 쉽게 나오지 않는다. 연예인을 무시하는 것이 아니라 그것이 진짜로 어렵다고 말하는 것이다.

아니나 다를까 그날 많은 아이가 교회에 오지 않았다. 몇몇은 왔다가 그냥 갔다. 화나 난 친구는 마지막에 나에게 딱 한 마디만 했다.

"야! 도대체 누구를 위한 행사인 거냐?"

사역하는 동안 참 많이 들었던 질문이다. 매년 들었던 질문이다. 교회의 어떤 행사가 끝나고 나면 교회학교 부장들은 나를 찾아와 물었다. "목사님! 이건 누구를 위한 행사인가요?"

누구를 위한 행사인가? 우리는 각자가 이 질문에 대답할 수 있어야 한다. 같은 질문에 같은 답이 나올 때 행사가 가능하다. 그럴 때 온도 차가 없어진다. 행사를 부정하는 것이 결코 아니다. '누구를 위한 행사'인지를 분명히 해야 한다는 뜻이다. 대답이 같지 않다면 행사를 하지 말아야 한다. 보여주기식 행사가 될 확률이 높기 때문이다.

교회학교는 이런 보여주기식 행사에 지쳐있다. 취지가 아무리 좋아도 '누구를 위한' 것인지 목적이 분명하지 않으면 결과는 뻔하다. 지침. 고갈. 불화…. 제발 보여주기식 행사가 줄었으면 좋겠다.

나는 그런 행사가 줄어야 교회학교의 행복이 커진다고 생각하는 사람이다. 행사에 투입될 열정으로 한 아이라도 챙길 수 있으니까.

이제 보여주기식 행사는 그만하자. 진짜로 서로가 행복한 행사를 하자. 그럴 때 교회학교도 그 행사의 행복한 주인공이 될 수 있다. 온도 차가 없는 행사를 꿈꿔 본다.

가치(Value)는 같이(together)하라

나'만' 행복하면 온도 차가 생긴다.

나'도' 행복하면 온도 차는 없어진다.

'만'은 홀로이고, '도'는 함께이다.

어디에 우리의 가치를 두어야 할까?

아프리카 부족을 연구하던 한 인류학자가 부족의 아이들을 모아 놓고 게임을 했다. 멀리 떨어진 나무 옆에다가 아프리카에서 보기 드문 사탕을 바구니에 가득 담아 매달아 놓은 뒤, 가장 먼저 달려간 아이가 이것을 가질 수 있도록 한 것이다.

인류학자는 아이들을 일렬로 세워놓고 "시작!"을 외쳤다. 그런데 그때, 아이들은 모두 손을 잡고 함께 달려갔고, 그 사탕을 즐겁게 나누어 먹었다. 놀란 인류학자가 아이들에게 물었다. "아니! 1등으로 도착하면 모든 사탕을 가질 수 있는데, 왜 같이 간 거야?" 아이들이 하나같이 이렇게 대답했다. "우분투", "우분투"

"우분투"는 아프리카 반투어로 "네가 있어서 내가 있다", "함께 있어서 내가 있다"라는 뜻이다. 그리고 한 아이가 이렇게 덧붙였다. "혼자 사탕을 다 가지면 나머지 아이가 슬프잖아요. 다른 친구가 슬픈데, 어떻게 나만 행복할 수 있는 거죠?"

인류학자의 가치는 경쟁이다. 이기는 사람이 다 가지는 것이고, 이것은 곧 우리 사회의 가치이기도 하다. 이것을 잘 보여주는 것이 '붉은 여왕 가설'이다. 동화 <이상한 나라의 앨리스>의 대화를 보자.

앨리스 : 한참을 달렸는데 왜 제자리죠?
붉은 여왕 : 그나마 힘껏 달렸으니 제자리에 있는 거란다.
　　　　　　만약 네가 앞으로 가고 싶다면 적어도 이보다 두 배는 더 빨리
　　　　　　달려야 해!

그러니까 앞으로 가고 싶다면, 성공하고 싶다면 '(경쟁 상대와 비교하여) 쉬지 않고, 더 빨리, 더 많이 노력해야 한다'라는 뜻이다. 그렇지 않으면 도태된다. 한근태 작가도 《일생에 한 번은 고수를 만나라》에서 이렇게 말한다.

고수는 경쟁을 통해 탄생한다. 혼자서 100미터를 달리면 신기록을 세우기가 어렵다. 같이 뛰기 때문에 더 잘 뛴다. 고수가 되기 위해서는 라이벌이 있어야 한다. 천적도 필요하다. 살아남기 위해 애를 쓰다 보니 고수가 되는 것이다. 그렇게 애쓸 필요가 없는 사람은 고수가 될 확률이 적다. 경쟁이 적은 직업이 그러하다.

경쟁력에서 이기는 것, 그것이 사회의 가치이다. 그러나 교회학교의 가치는 달라야 한다. 경쟁이 아니라 '같이'(together)이다. 지금 우리가 서 있는 자리는 신앙의 자리이다. 이 자리는 거대하지만 하나의 자리이다. 마치 거대한 항공모함과 같다.

언젠가 군대 시절 미국 항공모함을 본 적이 있다. 선임이 했던 이야기를 기억한다. 항공모함은 너무 커서 누가 어디에 근무하는지 잘 모른다는 이야기. 그래서 알고 봤더니 형제가 같은 항공모함에서 근무했었다고 한다. 그런데 너무 커서 몰랐다는 이야기이다.

한국교회는 항공모함이다. 서로가 어디에 있던 보이지는 않지만 결국 우리는 하나의 배 위에, 배 안에 있다. 고경태(형람서원) 목사의 블로그에는 이런 글이 있다.

한국교회라는 거대한 배가 침몰하면 배 안에 있는 모든 공동체가 수장(水葬)되는 것이다. 한국교회라는 배에서 이탈해서 독자생존 할 수 없다.[25]

부인할 수 없다. 침몰해가는 배 안에서 '나'만 살아남는 방법은 없다. '우리'가 모두 살아야 '나'도 사는 것이다. 교회학교가 살아야 담당 교역자가 살고 부장도 산다. 담임목사도 살 수 있다. 이 자리는 무조건 '같이'해야 살 수 있는 자리이다. 세상의 자리와는 다르다.

혼자 싸우면 지지만, 둘이 힘을 합하면 적에게 맞설 수 있다. 세 겹 줄은 쉽게 끊어지지 않는다. _전 4:12 / 새번역

"한 사람의 열 걸음 보다 열 사람의 한 걸음이 더 큰 걸음이라고" – 영화 〈말모이〉中

"일인불과이인지(一人不過二人智)": 아무리 똑똑해도 혼자서는 두 사람의 지혜를 넘지 못한다.

"혼자 가면 빨리 갈 수 있지만, 함께 가면 멀리 갈 수 있다" – 아프리카 속담

교회학교의 진정한 가치는 함께할 때 극대화된다. 같이할 때 우리는 파도를 헤쳐 갈 수 있고, 같이 할 때 우리는 승리할 수 있다. 김종원 작가의 글이 마음에 남는다. 교회학교의 모든 구성원이 이런 마음으로 함께 사역하면 어떨까? 이것이 우리의 가치가 되었으면 좋겠다. 교회학교의 가치가 되었으면 좋겠다.

머리 위에 밝힌 불을 끄고 주위를 돌아보라

물론 세상에 평탄한 길은 없다.

불을 밝히지 않아도 걸을 수 있는 길도 없다.

다만 중요한 건 누구나 불을 켤 필요가 없다는 것이다.

사람과 사람이 만나 하나가 되지 못하는 이유가 여기에 있다.

우리가 하나가 될 수 없는 이유는 서로 각자의 불을 밝히고 있기 때문이다.

곁에서 불을 밝히고 조심스레 걷고 있는 그의 방향을 잡아주며 함께 걸어가라.

하나가 되어 가라.26)

　교회학교의 가치(value)는 같이(together)할 때 빛난다. 하나가 될 때 진정으로 빛난다. 하나로 만들 책임, 이 책임이 담임목사에게 있다. 담임목사는 '같이'를 가장 '가치'있게 만들 수 있는 영향력이 있기 때문이다. 담임목사를 통해 교회의 이곳저곳에 '같이'의 영향력이 확산되어 갈 때, 그때야 비로소 우리 안의 온도 차가 사라지게 될 것이다. 하나가 되어 빛날 것이다. '같이'를 '가치' 있게 만드는 담임목사 밑에서 다음세대도 건강해진다. 반드시!

3. 혀와 입 말고 눈과 표정으로 말하라 _장로

다들 말로는 다음세대가 먼저라고 한다

다음세대가 밀리고 있다. 근본적으로는 '다른 세대'에게 밀리고 있다. 다른 세대라는 말은 사사기 2장 10절에 근거한 말이다.

그 세대의 사람도 다 그 조상들에게로 돌아갔고 그 후에 일어난 다른 세대는 여호와를 알지 못하며 여호와께서 이스라엘을 위하여 행하신 일도 알지 못하였더라

교회학교 한 선생님이 이런 기도를 했었다.

하나님을 알지 못하는 '다른 세대'가 아니라,
하나님을 아는 '다음세대'가 일어나길 원합니다.

분명히 다음세대가 먼저이다. 기독교 신문이나 텔레비전에서는 외친다. "다음세대가 없으면 한국교회의 미래도 없다" 우리 교회에서도 외친다. "다음세대를 잡아야 우리 교회에 희망이 있다" 저마다

표현은 다르지만, 의미는 같다. 다음세대가 희망이다. 그러나 현실에서 다음세대는 다른 세대'들'에게 밀리고 있다.

먼저는 하나님을 알지 못하는 다른 세대에게 밀린다. 이 부분은 이미 우리가 잘 알고 있다. 진짜 문제는 다른 곳에 있다. 다음세대는 교회 안의 힘 있는 세대, 출석 숫자가 많은 세대, 결정권을 가진 세대, 즉 장년 세대에게 밀리고 있다. 이것을 어떻게 알 수 있나? 언론인 김선주 씨의 말을 들어보자.

어떤 사람이 수입의 대부분을 어디에 쓰는지 살펴보면 그 사람이 어떤 인생관을 가지고 있는지 그의 마음이 어디를 향하는지 알 수 있다. 얼마 전 친구가 명확한 답을 해주었다. 마음 가는 데 돈 간다. 마음은 갔는데 돈이 안 따라가면 그건 진정한 마음이라고 볼 수 없다. 입으로 자선을, 공동체를 말하면서 실제로는 지갑을 열지 않는 사람들에 대한 비판이 담겨 있다. 그리고 사랑한다는 말을 얼마나 자주 하는가보다 그 사람에게 얼마나 지갑을 열 수 있느냐가 사랑의 척도다.[27]

돈이 가는 곳이 사랑이 가는 곳이다. 사랑의 척도는 지갑으로 판별된다. 김동호 목사도 '2017 KOSTA 집회(호주)'에서 같은 말을 했다.

(자기 지갑을 들어 올리면서) 이 지갑의 주인이 진짜 주인입니다.

이 말을 교회에 적용해 보면 결국 재정을 많이 쓰는 곳이 교회가 진짜 관심을 두는 곳이다. 재정이 많이 쓰이는 곳이 진짜 중요한 곳이다.

다음세대가 우선이라는 말에 진심이 느껴지지 않는다. 왜냐하면 다음세대를 위해 교회 전체 재정의 10%도 쓰지 않기 때문이다. 지금까지 나는 10개가 넘는 교회에서 사역했다. 내 친구는 대부분 목사이다. 그러니까 지금 내가 제시하는 이 숫자가 결코 지어낸 것이 아니라는 말이다.

다음세대가 우리의 미래라고 말은 하면서도 재정은 10%도 쓰지 않는다. 대부분 교회가 그렇다. 실제로 나가는 돈은 많다. 이 부분은 '찬조'를 통해서이다. 찬조를 통해 부족한 재정을 메우고 있다. 그렇게 운영되는 재정을 '하나님의 은혜'라고 표현한다.

얼마 전 한 친구가 불편함을 표현했다. "이번에 장년부 강사를 모셨는데 300만 원 들였다. 그런데 부서 강사 모시는데 30만 원 쓰는 것도 너무 힘들게 허락받았다. 요즘 누가 30만 원에 강의하려고 하냐? 애들 강사에 300만 원 쏟아봐라. 애들이 줄을 서지" 이것도 역시 10%였다.

15~20%. 그나마 가장 건강하다고 생각했던 대전의 한 교회에서 쓰는 비율이었다. 담임목사님은 입버릇처럼 말했다. "지금은 건물에 투자할 때가 아닙니다. 다음세대를 세워야 합니다. 사역자를 세워야 하고, 사역자가 공부할 수 있게 해주어야 합니다"

그래서 그 교회는 모든 교역자를 학교에 보낸다. 풀타임 사역자에게는 월요일 외에 하루를 더 쉬게 하여 공부시킨다. 대학원에 가지 못한 교역자가 있으면 대학원에 등록시킨다.

더 중요한 것이 있다. 담임목사 혼자의 생각으로는 안 된다. 장로들 혹은 당회의 동의가 필요하다. 대전의 장로님들은 모두 동의했다. '다음세대의 발전을 위해 전문화된 교역자가 필요하다'라는 것, 이것이 장로님들과 당회의 의견이었기 때문이다.

그러나 건강하려면 50%는 되어야 한다. 전문가들의 공통된 의견이다. 《캠퍼스 아웃》을 쓴 교육 전문가 주대준 장로는 말한다.

교회는 시대적 사명감을 갖고 다음세대 양성에 사활을 걸어야 한다. 다음세대를 위해 교회 재정의 50%는 투자해야 한다. 강남 최고 사교육 업체들도 할 수 없는 플랫폼을 제공한다면, 사람들이 교회를 찾지 않겠느냐?[28]

중요한 해결책은 재정에 있다. 역시 품는 교회 담임이며 Next 세대 Ministry 대표인 김영한 목사도 목소리를 높인다. "다음세대가 안 되는 이유가 있다. 자원, 후원, 지원!!! 다음세대 사역이 어려운 것은 3원(자원, 후원, 지원)이 없어서이다" 김영한 목사는 우리에게 묻는다.

다음세대를 키워야 한다고 하지만 후원이 없다. 가정에서 한 자녀를 키워도 가정의 예산의 50% 이상을 사용한다. 그러나 교회에서 다음세대를 세운다고 하지만 얼마나 지원할까?[29]

개인적으로 아는 뉴질랜드의 한인교회가 있다. 이번에 당회에서 다음세대 재정이 통과되었다. 앞으로 100%의 교회 재정을 모두 다음세대에 쓰기로. 이런 교회에서 다음세대가 살아나지 않는 게 오히려 이상한 일 아닐까? 정말로 부러웠다. 100%라니….

개그맨 유재석이 무한도전에서 이렇게 말했다.

혀와 입으로만 하지 말고 눈과 표정으로 이야기해라

다음세대가 우선이라는 말만으로는 안된다. 다음세대가 중요하다는 말만으로는 안 된다. 진짜로 우선이고 중요하다면 행동이 있어야 한다. 다음세대가 다른 세대에게 더 이상 밀리지 않도록 교회 어른들의 적극적인 참여가 필요하다. 교회의 어른인 장로님들이 활발하게 움직여야 한다. 그래야 다음세대가 다른 세대가 되지 않는다. 진짜 다음세대가 될 수 있다. 눈과 표정, 몸으로 사랑을 보여주는 게 참사랑이다.

산타 장로님의 아이들 사랑법

산타는 선물을 주는 사람이다. 창원의 한 장로님이 생각난다. 장로님은 교회에 오실 때 항상 짐이 많았다. 천 가방에 무엇인가를 잔뜩 싸 들고 오신다. 가방이 터질 정도로 싸서 오신다. 내용은 그때그때 다르다. 때론 과자, 때론 학용품 등등….

아이들은 장로님 옆에 가는 것을 좋아한다. 선물을 주기 때문이다. 한 아이가 말했다.

"산타 같아요"

그때부터였던 것 같다. 그 장로님의 별명이 '산타 장로님'이 된 것이….

산타 장로님은 쉬지도 않았다. 실제 산타는 11개월을 쉬고 며칠만 일한다. 그런데도 전 세계 어린이들의 사랑을 받는다. 하물며 매주 일했던 장로님은 어떠셨을까? 애들은 장로님이 보이기만 해도 달려가서 안겼다. 부모님들은 산타 장로님이 하는 말씀은 무슨 보물인 양 새겨들었다. 아이들은 매주 산타 장로님을 기다렸다. 혹여라도 만나지 못하면 교회 로비에서 우는 아이들까지 생겼다.

산타 장로님은 이벤트도 준비했다. 크리스마스에 맞추어 사비로 옷까지 맞추셨다. 수염도 붙이고, 모자도 쓰셨다. 빨간 보자기에는 과자 선물을 가득 담아 만나는 아이들에게 주었다. 산타는 다 가리고 있었지만 우리는 모두 알았다. 그분이 그분이라는 것을.

언젠가 장로님에게 "불편하지 않냐?"고 물었다. 장로님 왈, "줄 수 있어서 행복합니다" 덧붙이는 말도 설명도 없었다. 가수 나훈아의 노래 <사랑은 주는 것>에는 이런 가사가 나온다.

사랑은 주는 것 아낌없이 주는 것.
주었다가 다시 찾지 못해도,
사랑은 주는 것 미련 없이 주는 것.
불같은 내 마음을 몰라줘도 좋아요,

이런 산타 장로님을 찾는 게 참으로 힘들다. 몸과 마음, 행동과 말이 일치하는 장로님을 찾아보기가 참으로 어렵다. 사랑은 아낌없이 주는 것이라며 스스로 산타가 되는 장로님을 찾아보기가 참 힘들다.

대신 이런 것은 찾아보기 쉽다. 대부분 장로 임직을 받으면 교회학교 교사직을 내려놓는다. 다른 부서의 장이 되어 교육부를 떠난다. 더불어 장로로 임직받은 분 중에 가장 어린 분이 '교육부 장로'가 된다. 젊으니까 교육부 일을 잘할 것이라는 믿음 때문에.

어려운 것이 쉬운 것이 되어버렸고, 쉬운 것이 어려운 것이 되어버렸다. 떠나기 어려워야 할 교회학교를 쉽게 떠난다. 쉽게 되어야 할 산타가 저마다의 이유로 참 어렵게 되어버렸다. 교회학교는 이런 아이러니 속에 있다.

장로님들은 산타가 되어야 한다. 동화 속 산타가 아니라 우리 교회의 산타가 되어야 한다. 12월에 한 번 오는 산타가 아니라 매 주일 찾아오는 산타가 되어야 한다. 그래야 교회학교에 희망이 있다. 사랑은 그렇게 주어야만 한다.

포옹하는 장로님이 필요하다

미국의 심리학자 버지니아 사티어(Virginia Satir)는 말한다.

우리는 생존을 위해 하루에 네 번의 포옹이 필요하다. 유지를 위해서 하루에 8번의 포옹이 필요하다. 그리고 성장을 위해서는 하루에 12번의 포옹이 필요하다.

포옹이라는 애정이 얼마나 강력한 정서적 요소인지를 정확하게 표현해 주고 있다. 교회학교에도 포옹이 필요하다. 매주 교회를 찾아오는 아이들의 대부분은 외로움을 많이 느낀다. 2014년, KBS에서 <KBS 파노라마 - 세 살의 행복한 기억>이라는 다큐멘터리 프로그램을 방영했었다. 잠시 그래프를 보자.

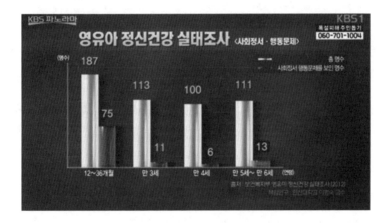

3살까지의 영유아 187명 중 75명이 불안 증세를 보였다. 반면 3살 이후 아이들은 거의 문제 행동을 보이지 않았다. 그렇다면 3살까지의 영유아가 문제 행동을 자주 보인 이유는 무엇인가? (실제로 여기에서는 '거미 인형 실험'이 등장한다. 인형 거미가 나타나자 놀란 아이는 엄마에게 달려가는 것이 아니라 문밖으로 달려간다)

답은 애착이다. 전문가들은 말한다. 36개월이 애착을 키우는 데 필수적이다. 육아 상담 전문가인 이다랑은 말한다.

애착 형성의 골든 타임은 존재한다. 애착도 생후 1년이 골든 타임이다. 물론 그 이후에 애착이 절대 변하지 않거나 만들어갈 수 없는 것은 아니다. 다만 더 많은 노력이 필요하다. 그러나 현대의 맞벌이로 인하여 아이들과 부모들은 이런 애착을 만들 수 없다. 애착이 약해지면 애정에도 문제가 생긴다.30)

교회학교에는 외로운 아이들이 많다. 알게 모르게 몸과 마음에 문제가 있는 아이들이 생각보다 많다. 사역하면서 느끼는 것은 해가 가면 갈수록 이런 아이들이 더 많아지는 추세라는 것이다. 몸도 마음도 아픈 아이들이 많아진다. 바로 이럴 때, 장로님들이 필요하다. 어떻게 하면 될까? 포옹하면 된다. 이다랑의 말을 조금 더 들어보자.

만약 아이와의 애착이 조금이라도 걱정스럽다면 더 늦기 전에 지금 당장 애착을 위한 노력을 시작하세요. 간단하게 시작할 수 있는 것 중 하나는 '포옹'이에요. 포옹만큼 강력한 애착 도구는 없어요. 피부로 직접 애정을 전달할 수 있기 때문이에요. … 아이와의 관계가 아슬아슬하다고 느껴지거나 애착이 걱정스럽다면 하루 4번 포옹부터 시작해보세요. 아침에 일어나서, 분리 시(어린이집 또는 유치원 갈 때), 다시 만났을 때(하원할 때), 잠자기 전. 이렇게 4번의 포옹부터 챙겨보세요.

포옹이 답이다. 애착이 늦게 형성된 아이도 포옹하면 달라진다. 교회학교도 마찬가지이다. 여러 가지 문제와 아픔이 많은 아이에게 단순히 먹는 것과 선물로 마음을 잡던 시대는 지나갔다. 진짜로 교회학교가 부흥하고 이 아이들이 건강하게 자라기를 원한다면 답은 포옹에 있다. 체온과 체온이 이어지는 포옹….

교회학교에는 이런 장로님이 필요하다. 주머니에 손 넣고 있는 것이 아니라 아이의 손을 잡아주는 장로님! 멀리서 아이가 보이면 가까이 달려가서 안아주는 장로님! 멀리서 응원하는 장로님 말고 옆에서 격려하는 장로님! 그렇게 체온과 체온을 함께 나누는 장로님!

생각만 해도 멋지지 아니한가? 이런 장로님들이 계시면 교회학교는 건강해질 수밖에 없다. 나는 확신한다. 정말로 ….

교회학교를 방문하시라

방문(訪問)은 설렘이다. 소풍 가기 전날의 설렘을 기억하는가? 소풍 당일만큼은 지각하는 친구들이 없었다. 답답했던 교실을 떠나 새로운 장소를 방문한다는 설렘은 있던 잠도 달아나게 했다. 동화 《어린 왕자》에서 여우가 말했다. "네가 오후 4시에 온다면 나는 3시부터 행복해지기 시작할 거야" 어린 왕자의 방문에 여우의 행복함이 느껴진다. 사람이건 장소이건 찾아가서 만난다고 하는 것은 참으로 가슴 뛰는 일이다.

교회학교를 방문하는 것은 가슴 떨리는 일이다. 철없던 아이들이 그리스도인으로 성숙해 가는 것을 본다는 것은 정말 가슴 떨리는 일이기 때문이다. 그런데 장로님들은 가슴이 떨리지 않으신가 보다. 사역하는 동안 장로님들이 부서를 방문한 건 손에 꼽을 정도이다.

어느 교회나 그렇다. 그나마 교육부 장로님은 일 년에 몇 차례 오신다. 그러나 다른 장로님들은 거의 오지 않는다. 언젠가 선임 장로님께 여쭤봤다. 왜 오시지 않는지. "우리가 가면 불편하잖아요" 장로님의 대답이었다.

그렇다. 불편하다. 오셔서 대접받으려고 하신다면 불편하다. 대접을 해드리기 싫다는 의미가 아니다. 교회학교 예배 시간에는 모두가 정신없이 돌아간다. 일주일에 한 번, 그 한 시간을 위해서 모두가 자기 자리에서 최선을 다한다. 그런 시간에 오셔서 어떤 대접을 받기 원하신다면 불편한 것이 맞다.

그러나 불편하지 않다. 대접하기 위해 오신 것이라면 전혀 불편하지 않다. 아이들 얼굴 한 번 보려고, 교회학교에 불편한 것은 없는지 확인하려고, 교사들을 격려하기 위해서 오는 발걸음은 전혀 불편하지 않다. 오히려 감사할 따름이다. 자주 오시지 않아서 서운하고 섭섭할 따름이다.

'불쑥 장로님' 대구의 모 교회에 있을 때 내가 붙여준 장로님의 별칭이다. 그때 당시 중고등부가 1층에 있어서이기도 하겠지만 장로님은 진짜로 불쑥불쑥 나타나셨다. 그냥 갑자기 나타나셨다. 불쑥 나타나셔도 말씀은 항상 같았다. "전도사님 뭐 불편한 거 없어요? 애들은 뭐 불편한 거 없어요? 있으면 말해요 해결해드릴게요"

장로님의 말에는 실천이 담겨 있었다. 2년 남짓 사역하는 동안 불편함이 없었다. 분명 입구 문이 삐그덕거렸었는데, 다음 주는 매끄러웠다. 조금 부서진 책상이 있었는데, 다음 주에는 그 책상이 수리되어 말끔했다. 밖에서 일하시는 장로님의 얼굴은 햇볕에 그을려 있었다. 그러나 내가 본 장로님의 얼굴은 항상 빛이 났다. 장로님은 매끄럽고 말끔하셨다. 몸도 마음도. 지금도 나는 그런 장로님을 생각하면 가슴이 뛴다.

나는 묻고 싶다.
장로님들은 무엇에 가슴이 뛰세요?
교회학교를 방문하는 일에 가슴이 뛰는 것, 그것은 어떨까요?
어느 날 갑자기 양손에 아이들을 위한 간식을 사서,
그렇게 갑자기 선물을 주고,
응원하고 있다면서,
진짜로 한국교회의 미래라면서
쑥스럽게 한 번 웃어 주시는 건 어떨까요?

어느 날, 갑자기.
편안한 운동복 차림에
무릎이 늘어난 그런 운동복을 입고 오셔서
아이들을 위해 청소 한번 해주고 싶으셨다면서
책상을 닦아주시고
바닥을 쓸어주시면서
쑥스럽게 한 번 웃어 주시는 건 어떨까요?

그럼 우리 아이들도 가슴이 뛸 것 같아요.
교사들도 가슴이 뛸 것 같아요.
교역자도 가슴이 뛸 것 같아요.

먹을 것을 받아서가 아니라
선물을 받아서가 아니라
청소를 해주어서가 아니라
쑥스러운 듯,
그렇지만 진심으로 자신들을 격려하는
진짜 어른이 있다는 사실에
그런 어른들과 함께 있다는 사실에
가슴이 뛸 것 같아요. 쿵쾅쿵쾅.

그러니 장로님들이여 교회학교를 방문하시라.
손도 마음도 두둑함을 가지고 방문하시라!
그런 방문은 불편하지 않다. 언제나 환영이다.

4. '바다'처럼 '받아'주라 _리더

책임 지우는 리더 / 책임지는 리더

겨우 두 글자 차이가 난다. 책임을 '지우려는 것'과 책임을 '지는 것'에는 …. 그러나 의미는 하늘과 땅 차이이다. 우리 주위에는 책임을 지우려는 사람이 많다. 본인이 책임을 지지 않고 남에게 책임을 지우려는 사람 말이다. 그런 사람은 자리만 차지하고 책임은 공석(空席)으로 둔다. 공석으로 두면 반드시 문제가 생긴다.

지우려고 하면 문제가 생긴다. 대표적인 문제가 산업재해(이하 산재)이다. 한국은 OECD 국가 중 산재 사망률 1위이다. 2020년 코로나19로 사망한 사람은 917명이라고 한다. 그런데 그 두 배가 넘는 인원이 매년 산재로 사망(2020년 2,062명)한다. 왜 그렇게 사망률이 높을까?

사회학자 조형근 박사는 말한다. "안전보건 총괄책임자는 규정상 세부적인 업무는 없고, '총괄' 업무만 맡는다. 사업주는커녕 안전보건 총괄책임자마저 아무런 책임을 지지 않는 이유다."31) 결국 서로 책임을 지우려고 해서….

리더는 짊어지는 사람이다. 리더는 책임이라는 무게를 감당해야 한다. 만약 책임질 수 없다면 리더를 하면 안 된다. 동원그룹의 김재철 회장은 아들에게 이런 말을 했다.

리더는 기본적으로 책임지는 사람이다.
사업 세계에 뛰어든 리더는 손해를 감수해야 한다.
세상일이라는 게 모두 좋을 수는 없다.
리더인 내가 희생해야 한다.
그걸 할 수 있다면 사업을 해도 된다.
할 수 없다면 편하게 사는 길을 선택하라.

그러니 리더는 편안하게 살 수 없다. 교회의 리더도 마찬가지이다. 언젠가 존경하는 목사님께서 이런 조언을 주셨다.

김 목사님 그릇을 키우십시오. 성도가 100명이면 100개의 책임이 김 목사님의 어깨 위에 있습니다. 1,000명이라면 1,000개의 책임이 어깨 위에 있습니다. 그러니 성도의 숫자를 보기보다 내 어깨가 그 무게를 감당할 수 있는지를 먼저 봐야 합니다. 감당하지 못한다면 그것처럼 불행한 것도 없습니다. 둘 다 불행해집니다.

그렇다고 목사만 리더가 아니다. 담임목사나 장로, 담당 교역자만 리더가 아니다. 어찌 보면 교회는 리더 공동체이다. 리더의 스펙트럼이 참 넓다. 반 교사도 아이들을 어깨에 얹고 있으니 리더이다. 구역

장도 구역원들을 얹고 있다. 심지어 아주 작은 부서하나를 담당해도 우리는 모두 리더이다. 모두 책임을 져야 하는 자리이다.

하지만 현실은 '짊어짐'이 아니라 '전가'(轉嫁)에 바쁘다. 예외 없이 이 땅의 모든 교회에는 많은 문제가 있다. 이런 문제들 앞에서는 딱 두 부류의 리더밖에 없다.

책임을 지려는 리더 / 책임을 지우려는 리더

중간은 없다. 그리고 야속하게도 나는 후자를 훨씬 더, 아주 많이 본다. 나 역시 그런 리더들로 인하여 마음이 상할 때가 많았다. 분명 "하라" 해서 했는데, 그런 적이 "없다" 했다. 모든 책임을 나에게 지우려는 리더를 보면서 참 슬펐다. 슬프다는 말로는 표현이 안 될 정도로…. 그래도 나는 좀 낫다. 내 친구 중 한 명은 그런 이유로 교회를 사임해야만 했다. 이게 후자가 훨씬 더 많은 교회의 현실이다.

앞에서 언급했지만, 안정환 감독은 패배의 책임이 자기에게 있다고 말했다. 선수들은 책임이 없다고 했다. 감독으로서의 안정환은 책임의 무게를 잘 아는 리더였다. 실제로 그 프로그램을 보면서 참 많이 울었다. 정말로. 왜 우리 중에는 저런 리더가 잘 보이지 않는 걸까? 왜 나의 잘못이라고, 너에게는 책임이 없다고 말하는 리더가 없는 걸까? 오히려 너 때문이라고, 네가 잘못해서 그런 것이라고 말할까?

꼭 기억해야 한다. 책임이 없으면 사회는 산재(産災)가, 교회는 인재

(人災) 사고가 난다. 교회의 리더들이 책임을 지지 않으면 교회학교에 인재 사고가 발생한다. 아이들을 잃어버린다. 다음세대 아이들이 교회를 떠난다. 실제로 많은 청년이 교회가 정의롭지 않아서 교회를 떠나고 있다. 참으로 슬픈 일이다.

교회학교에도 저런 리더가 필요하다. 사람인지라 선한 마음으로 했어도 잘못된 결과가 나올 수 있다.

그때 저렇게 말해 주는 리더,

책임을 자기에게 두는 리더,

책임을 지고 가려는 리더,

이런 리더 밑에서 교회학교는 성장할 수 있다. 인재 사고가 일어날 수 없다.

'바다'처럼 '받아'주는 리더

또 눈물이 났다. 22년 12월 18일 22년 12월 18일 JTBC <어쩌다벤져스 뭉쳐야 찬다 2>의 경기 때문이다. 이번에는 뭉쳐야 찬다 팀이 이겼기 때문에? 아니다. 오히려 이들은 이날 경기력이 엉망이었다. 경기 내내 이들은 감독의 지시대로 잘 움직이지 못했다. 번번이 득점의 기회를 놓쳤다. 결국 통한의 역전패(1:2)를 당했다. 모든 선수가 안정환 감독의 눈치를 봤다. 감독의 불호령을 걱정했다. 그때 안 감독이 말했다(그대로 옮긴다).

자! 진 것을 생각하지 말고, 괜찮아 … 축구는 실수를 할 수밖에 없는 스포

츠이고, 그걸 너무 마음에 담아두면 계속해서 그 자리에 멈추기 때문에…. 일
단은 오늘 좋은 점은 우리가 지고 있음에도 끝까지 해보려고 공격상황을 만
들어냈다는 것… 다른 스포츠도 마찬가지이지만 어떻게 계속 이깁니까? 졌
을 때는 부족한 점을 보완하고 다음에 가서 더 잘하면 되니까 패배에 대해서
너무 신경 쓰지 마세요.

**리더는 받아주는 사람이다. 이것저것 따지지 않는다. 네 편, 내 편
가리지 않는다. 유영만은 말한다.**

백천학해(百川學海)라는 말이 있다. 모든 시내가 바다를 배운다는 말이다. 세
상의 모든 물은 다 바다로 흘러간다. 바다는 세상의 모든 오물을 포함하는 물
을 다 받아준다. 바다가 세상의 모든 물을 다 받아주는 이유는 '바다'가 '받
아'주기 때문이다.[32]

동화작가 이장근도 말한다.

바다는 왜 바다일까?
'받아'를
소리 나는 대로 쓰면
'바다'

바다는 잘 받아주어서 바다

강물을 받아서 큰물이 되고

배를 받아서 길이 되고

하늘을 받아서 거울이 되고

...

'받아'는

바다의 마음이라서

'바다'[33]

바다가 다 받아줄 수 있는 것은 낮아서이다. 세상의 모든 물을 받아주기 위해서 바다는 가장 낮은 곳에 있다. 리더도 마찬가지이다. 리더도 낮아져야 한다. 낮아져야만 품어줄 수 있다. 이것이 바로 리더의 인격이고 품격이다. 인격이나 품격은 카리스마보다 훨씬 더 중요한 요소이다. 라원기 목사는 《누구나 한번은 리더가 된다》에서 이렇게 말한다.

리더십의 필수 요소에서 카리스마보다 앞서는 것이 인격이라는 사실을 반드시 기억할 필요가 있다. 이것은 마치 마차를 끌 때 마차보다 말을 앞세워야 하는 것과 같은 이치이다. 리더가 되기 위해서 카리스마를 꼭 소유할 필요는 없다. 그러나 인격은 반드시 갖추어야 한다.[34]

당신은 리더로 어떤 인격을 소유하고 있는가? 미국 최고의 리더십 강사 중 한 명인 존 맥스웰은 인격의 형성을 위해 몇 가지 질문을 던진다. 몇 개만 가져올 테니, 스스로 한번 대답해 보자.

1. 나는 내게 아무런 유익이 없을지라도 사람들을 잘 대해주는가?
2. 나는 사람들 앞에서 솔직한가?
3. 나는 내가 상대하는 사람의 입장을 이해하려고 노력하는가?
4. 나는 혼자 있을 때도 다른 사람들 앞에 있을 때와 똑같이 행동하는가?
5. 나는 자기 일보다 다른 사람의 일을 중히 여기는가?
6. 나는 자기 생각이나 말 또는 행동에 대해 적어도 다른 누군가에게 책임을 지는가?[35]

교회에서는 이해하기보다 추궁하는 리더를 더 많이 본다. 낮아지기보다 높아지려 하는 리더를 더 많이 본다. 인격적이기보다 비인격적인 리더를 더 많이 본다. 그러나 이런 리더 밑에서 우리의 미래는 없다.

교회학교의 미래는 어디에 있을까? 나는 확신한다. 받아주는 '바다'와 같은 리더가 있는 곳이다. 그런 리더가 많은 교회, 바다와 같은 리더가 많은 교회학교는 반드시 부흥한다. 바로 그곳에 아이들이 몰려온다. 밀물처럼.

다음 없는 다음세대에 다가가기

4장
교사여 틀을 바꾸자

다음 없는
다음세대에 다가가기

다음세대 교육 리부팅 1

다음 없는
다음세대에 다가가기

1. 배움은 '틀바꿈'이다

내가 배운 라떼

나는 커피홀릭이다. 특히 라떼가 좋다. 부드러운 우유 거품 속에 느껴지는 쌉쓸한 맛에 묘한 매력을 느낀다. 더불어 각각의 카페가 가진 고유한 분위기도 좋다. 집중력이 높아지기 때문이다. <해리포터>로 유명한 J.K. 롤링(Rowling) 역시 '엘리펀트 하우스'라는 작은 카페에서 글을 썼다고 하니 충분히 일리가 있는 말이리라. 더구나 여전히 카공족(카페에서 공부하는 사람들)이 많은 것을 보면 확실히 커피는 현대인의 필수품, 카페는 현대인의 아지트가 되어버렸다.

커피에 얽힌 에피소드가 하나 생각난다. 꽤 오래전, 자료 조사를 위해 프랑스에 간 적이 있었다. 잠시 시간을 내어 프랑스의 아주 한적한 시골 마을을 방문했다. 호수 옆에는 고즈넉한 카페가 있었다. 보는 것만으로도 힐링이 되었다. 그런 곳에서 마시는 커피의 맛은 어떨까? 나는 라떼(latte)를 주문했다. 점원은 2차례나 "latte?" "Only latte?"라고 물었다. 점원이 내 앞에 잔을 내려놓았을 때 비로소 그 이유를 알게 되었다.

내가 받은 것은 그냥 '우유'였다. 분명 내가 주문한 것은 '라떼(우유를 섞은 커피)'였다. 하지만 내가 받은 것은 '라떼(우유)'였다. 무엇이 잘못된 것일까? 나중에 알고 보니 라떼는 이탈리아어로 '우유'를 뜻했다. 실제로 나무위키라는 웹사이트에서 '라떼'를 찾으면 이런 설명이 있다.

> 이탈리아어로 우유를 뜻하는 단어지만 스타벅스의 성공 이후 '라떼=카페 라테'의 의미로 널리 쓰이게 되었다. 국내에서는 흔히 음료 이름에 '라떼'가 붙어 있으면 대부분 커피(에스프레소)가 포함된 음료이다. 유럽권 국가에서 '라떼'를 주문하면 관광객의 표현에 익숙한 점원이거나 스타벅스가 널리 퍼진 국가가 아닌 이상 우유를 받게 될 수 있으니 주의해야 한다.[1]

배움과 실제가 다를 수 있다. 내가 배운 라떼는 커피이다. 하지만 실제 프랑스에서의 라떼는 우유이다. 이후 나는 해외로 여행을 다닐 때 확실하게 말한다. "카페라떼!" 그런데 다음세대에게 라떼는 또 다른 의미이다. 새로운 의미가 등장했다.

다음세대의 라떼

다음세대에게 라떼는 커피가 아니다. 꼰대의 상징이다. 이 세대는 꼰대라는 단어를 많이 쓰는데, 사전적 의미는 이렇다.

1. 은어로, '늙은이'를 이르는 말.
2. 학생들의 은어로, '선생님'을 이르는 말.

그렇다고 무조건 늙은이와 선생님을 의미하는 말은 아니다. 조건이 있다. 앞에 숨겨진 말이 있다. 《꼰대의 발견》이라는 책을 저술한 정치사회 칼럼니스트인 아거는 그 앞에 숨겨진 말을 정확하게 표현한다.

> 남보다 서열이나 신분이 높다고 여기고, 자기가 옳다는 생각으로 남에게 충고하는 걸, 또 남을 무시하고 멸시하고 등한시하는 걸 당연하게 여기는 자

이런 사람이 꼰대다. 학교에서 학생들이 선생님을 '꼰대'라고 부르는 이유가 여기에 있다. 물론 교회학교도 예외는 아니다. 다음세대는 이것을 잘 받아들이지 못한다.

일단 옳다고 먼저 생각하고 가르치는 것!

이미 자신의 답이 정답이라고 결정해 놓고 가르치는 것!

직장이라고 해서 크게 다르지 않다. 2017년 취업포탈 인크루트가 회원 750명을 대상으로 실시한 설문조사 따르면, 직장인 열에 아홉은 "사내에 꼰대가 있다"라고 대답했다. 직장인들은 '답정너(답은 정해져 있고 너는 대답하기만 하면 돼)'의 유형을 꼰대의 1순위로 꼽았다(23%).[2] 그런 이유로 아거는 이렇게까지 말한다. "대한민국은 꼰대 공화국이다"

이런 꼰대들이 입에 달고 사는 말이 바로 '라떼'이다. 꼰대들이 이야기를 시작한다. "그거? 왜 못해? 나 때는 말이야~ 이 정도는….." 가수 영탁은 <꼰대라떼>라는 곡에서 그들을 비꼰다.

라떼라떼라떼라떼 라떼는 말이야 (X2)

하루종일 계속되는 꼰대라떼

라떼라떼라떼라떼 라떼는 말이야

……

리필은 됐습니다 꼰대라떼

나는 마지막 문장이 촌철살인이라고 생각한다. 이것이 다음세대
의 숨은 마음이다. '리필은 됐습니다. 꼰대라떼!'

나는 라떼라는 말을 들을 때마다, 내가 잘못 주문한 라떼와 꼰대
가 말하는 라떼가 오버랩된다. 둘 다 내가 아는 것만 정답이라고 생
각하기 때문이다. 내가 아는 지식만 올바르다고 생각하기 때문이다.
나에게 라떼는 커피였고, 꼰대에게 라떼는 세월의 경험이었다. 그러
나 프랑스 바리스타에게 라떼는 우유였고, 다음세대에게 라떼는 지
나간 과거일 뿐이다.

개인적으로 바로 이 지점에서 교사들이 갈 바를 바르게 알았으면
좋겠다. 내가 가진 지식이 반드시 정답은 아니다. 지식은 변했고, 또
변하고 있다. 라떼를 강조하면 안 된다.

라떼와 같은 지식은 위험하다

확실히 모든 지식은 변한다. 새뮤얼 아브스만의 책 중에 《지식의
반감기》가 있다. 지식의 반감기라는 말은 우리가 알고 있는 지식의
절반이 틀린 것으로 드러나는 데 걸리는 시간을 의미한다. 실제로 아

브스만이 측정한 결과 어떤 분야는 반감기가 아주 짧지만, 안정적인 분야도 있었다. 그런데도 확실한 것은 지식이 바뀌는 것은 막을 수 없다는 것이다. 속도의 차이는 있을지언정 결국 지식은 변하기 마련이다.

1950년대 이전까지만 해도 담배가 몸에 이롭다는 게 지식이었다. 그게 상식이었다. 의사를 모델로 섭외해 "의사들은 담배만 피웁니다"라는 카피를 달거나, 웨딩드레스 차림의 신부가 등장해 "신혼여행에는 담배를 반드시 챙겨가세요"라고 말하는 광고가 버젓이 잡지에 실리곤 했다.[3] 그러나 지금은 어떠한가? 담뱃갑에는 분명히 쓰여 있다. "폐암에 걸릴 확률 26배 상승. 그래도 피우시겠습니까?" 혹은 "뇌졸중의 원인 흡연! 그래도 피우시겠습니까?" 담배에 관한 지식이 변했다.

얼마 전 초등학교 조카와의 대화도 생각난다. 어쩌다가 태양계를 구성하고 있는 행성에 관한 이야기를 하게 되었다. 그때 내가 외쳤다. "수금지화목토천해명!" 내가 학교에 다닐 때만 해도 태양계를 구성하고 있는 아홉 개의 행성의 순서를 그냥 외웠다. 그게 지식이었다. 라떼는 그랬다. 반면 조카는 "수금지화목토천해"라고만 했다. 2006년 국제천문연맹(IAU)의 행성 분류법이 바뀌면서 명왕성은 태양계의 9번째 지위를 잃고 왜소행성(dwarf planet)으로 분류되었다. 행성에 관한 지식이 변했다.

시간이 흐르면 지식은 변한다. 그럼 어떻게 해야 하나? 탈바꿈이 아닌 틀바꿈 공부를 해야 한다. 인기 작가 유영만은 이것을 잘 알고 있었다. 그는 말한다. "배움은 한두 번의 탈바꿈보다는 평생 계속해서 이루어지는 '틀바꿈'의 과정이다"

김미경 씨는 이런 틀바꿈의 귀재(鬼才)이다. 스타 강사 김미경 씨는 코로나 시대를 맞이하여 자신이 가장 많이 한 것이 공부라고 했다. "왜 더 열심히 공부했느냐?"라고 묻자 그녀는 대답한다.

> 특히 요즘처럼 유속이 빠른 시대에는 6개월 정도 정신 못 차리고 딴짓을 하면 금세 뒤처진다…. 그래서 수입의 30% 정도는 미래를 위한 공부에 투자했다. 나는 매일 영어 공부, 디지털 공부, 과학 공부, 취미 계발을 꾸준히 한다. 남들은 그러면 힘들지 않냐고 묻는데 괜찮다. 힘든 것과 바쁜 것은 구분해서 말해야 한다. 그래도 바쁜 게 한가한 것보다는 낫고, 힘든 게 슬픈 것보다는 훨씬 낫다는 걸 오랫동안 인디팬던트 워커로 살아오며 체험했다[4].

하지만 많은 사람이 틀바꿈 하려 하지 않는다. 그냥 그렇게 어제 알았던 지식을 오늘도 사용하려고 한다. 라떼의 지식을 계속 사용한다. 그때 맞았다고 지금 맞을 거라는 보장이 없는데 말이다. 매그너스 린드비스트는 《우리가 아는 모든 것은 틀렸다》에서 그 이유를 이렇게 설명한다.

> 우리의 정신은 마치 어떤 궤도에 묶여 있는 것과 같아서 우리가 어렸을 때 배운 지식들이 더 어른으로 자랐을 때도 여전히 진리인 것처럼 가정하는 버릇이 있다.[5]

물건에는 유통기한이 있다. 유통기한이 넘었다고 바로 상했다는 의미는 아니다. 그래도 기한이 넘긴 음식들을 자주 먹게 되면 언젠가는 문제가 생긴다. 지식도 마찬가지다. 라떼와 같은 지식은 상대의 마음을 상하게 한다. 마음의 문을 닫게 만든다. 물건만 유통기한이 있는 것이 아니다. 지식에도 있다. 지식의 유통기한은 이렇게 늘릴 수 있다. '탈바꿈'이 아니라 '틀바꿈'하는 것이다.

틀바꿈으로 지식을 갱신하라

교사들의 배움은 탈바꿈이 아니라 틀바꿈이어야 한다. 퍼스널브랜딩 컨설팅 최창수 강사는 탈바꿈과 틀바꿈을 이렇게 정의한다.

우리가 세상 속에서 성장하는 모습은
탈바꿈과 틀바꿈으로 설명할 수 있어!

탈바꿈이란 세상이 불러주는 나의 모습이야.
대리님, 부장님, 사장님처럼 말이야.

틀이란 물건을 만드는데 본이 되는 물건을 의미해.
즉, 틀바꿈이란 나의 본질을 바꾸는 것을 말해.

탈만 바뀌는 사람은 오래 지나지 않아 바닥이 드러나게 될 거야.

그러니 우리는 틀을 바꾸려 노력하기 이전에
나의 틀을 바꾸는 노력을 먼저 해야 해.

틀의 크기와 모양에 따라 담을 수 있는 양도 다르고
담기는 것의 아름다움도 달라지니까….

글과길 출판사의 김도인 대표 역시 틀바꿈을 한 분이다. 김도인 대표는 틀바꿈 전에는 '독서꽝'이었다. 그러나 틀바꿈 후 '독서광'이 되었다. 김도인 대표는 이렇게 말한다.

처음 시작할 때, 3년에 1,000권 독서를 해야 한다는 말을 듣고 불가능하다고 생각했다. 그러나 51살 때부터 3년에 1,200권 독서를 했다. … 독서는 자기 삶에 답을 갖게 해준다.[6]

'그이름교회'의 장진희 사모 역시 마찬가지이다. 남편 목사님은 부인에게 탈바꿈이 아닌 틀바꿈을 권유했다. 사모님은 이렇게 말한다.

오십이 넘은 나이였으나 책이 쌓이고 읽혀 새로운 일을 시작하는 것 같았다. 하나님이 주신 밑그림을 조금 더 그릴 수 있었다. 그동안 걸어온 길, 지금 걸어가는 길, 그리고 앞으로 만나야 할 길을 적어 보라던 남편의 말이 씨앗이 되었다. 내 인생에 생각지도 못한 비전을 만들어냈다.[7]

그 틀바꿈의 결과물이 바로 《마음에 길을 내는 하루》이다. 교사는 탈바꿈이 아니라 틀바꿈의 자리이다. 라떼를 외치는 자리가 아니다. 계속해서 배우는 자리이다.

이런 교사에게는 당연히 지식의 유통기한이라는 것이 없다. 계속해서 내가 변하기 때문이다. 반면 탈만 바뀌면 금세 바닥난다. 바닥이 보이면, 바닥을 긁다 보면 자연스럽게 말이 나온다. "이해를 못하겠어요", "애들이 너무 힘들어요", "방법을 모르겠어요"

하지만,

틀이 바뀌면 마음이 바뀐다.

마음이 바뀌면 행동이 바뀐다.

행동이 바뀌면 관계가 바뀐다.

바로 그럴 때 이 아이들이 사랑스럽고 가슴 떨리는 아이들로 보이는 것이다. 그러니 절대로 배움을 쉬지 말아라. 계속, 계속 지식을 갱신하여라. 교사는 그래야만 살 수 있다.

틀바꿈이 교사의 답이다.

2. 교사여, 사색하라

사색(死色) 된 아이의 얼굴

당황스럽겠지만, 이렇게 가정해보자. 언젠가 학생이 교사인 당신에게 이렇게 묻는다.

"선생님! 성관계는 나쁜 것이에요? 왜 교회는 그것을 죄라고 하나요?"

이 질문에 대한 당신의 대답은 무엇인가? 어떤 공감을 가지고 이아이와 대화를 시작하겠나? 실제로 2007년, 한 아이가 나에게 물었던 질문이다.

당시 나는 호주에서 워킹 홀리데이를 보내고 있었다. 한인 학생들의 삶이 궁금하여 한인교회에 출석했다. 교사로 봉사했고, 어느 날 특별한 기회가 생겼다. 담당 부서 전도사님께서 목사고시를 이유로 4개월 정도 한국에 나가셔야 했다. 교회는 그동안 나에게 부서를 담당해 달라고 했다. 덕분에 진짜로 이 아이들을 자세하게 볼 수 있는 기회가 생겼다.

어느 정도 친해진 어느 날, 고등부에 재학 중인 여학생 한 명이 나에게 편지를 내밀었다. "러브레터인가?" 설렜다. 그 친구는 말로 하기 조금 그래서 편지로 적어왔다고 했다. 기대하고 펼친 편지, 그러나 시련으로 다가왔다. 내용은 이랬다.

전도사님! 젊은 전도사님이 오셔서 참 좋아요. 설교 때 솔직하게 말씀하시는 것 같아서 저도 부끄럽지만 솔직하게 하나 묻고 싶은 것이 있어요. 왜 성관계를 하면 안 되는 건가요? 주변의 친구들은 당연하게 하는데, 왜 교회는 그것을 나쁘게만 말하나요? 어른들도 말해요. "성관계는 죄를 짓는 것이야!" 전도사님 정말 성관계는 죄인가요? 나는 정말로 이해가 되지 않아요. 전도사님은 어떻게 생각하세요?

2022년 글을 쓰고 있는 지금도 고등학생이나 청년이 나에게 직접적으로 이런 질문을 하지 않는다. 하물며 2007년에, 직접적으로 그 질문을 받았을 때의 충격이란 정말 말도 못 할 정도였다.

답장을 썼다. 평소에 이런 생각을 해보지 않았으니 내 대답에는 정답'만' 있었다. 올바른 이야기들만 가득했다. 뒷장에 나올 세스코 식 답변 같은 것은 나에게 없었다. 틀린 말은 하나도 없었다. 그런데도 그 친구의 얼굴은 사색(死色)이 되었다. 주야장천 옳은 말들로만 이루어진 나의 답장에.

지금도 잊을 수가 없다. 편지를 읽고 실망감에 빠진 그 친구의 얼굴이 지금도 생각이 난다. 뭔가 다른 답을 기대할 줄 알았는데, 나 역시 뻔한 대답만 했기 때문이다. 어쩌면 당연한 결과인지도 모르겠다. 평소에 내가 그런 질문들에 대해서 한 번도 대답을 준비해 본 적이 없었으니까. 평소에 내가 사색(思索)하지 않았더니 결국 그 친구의 얼굴을 사색(死色)으로 만들어버렸다.

왜 사색(思索)이 중요한가? (성 문제)

어차피 이야기의 시작을 성(性)으로 시작했으니 성으로 이야기를 풀어 나가보자. '4대 폭력'이 있다. 성희롱, 성매매, 성폭력, 가족폭력. 기업이나 공공기관은 4대 폭력을 근절하려고 애를 쓴다. 그런데 가만히 보면 4대 폭력 중 무려 세 가지가 성과 관련된 폭력이다. 다 심각한 문제이나 성이 폭력이 되면 더 위험해진다. 여성가족부가 2022년 9월 6일 <통계로 보는 남녀의 삶>을 보도했다.[8] 거기에는 성폭력과 관련된 항목이 나온다.

○ 2020년 사이버 성폭력 검거 인원은 4,223명.
   그 중 '아동 성 착취물' 검거 인원이 61.8%로 가장 많고, 2014년 대비 약 3.6배 증가했다.
   * 아동 성 착취물 검거 인원: (2014) 734명 → (2020) 2,609명
○ 2020년 성폭력 검거 인원은 32,335명으로 2011년 대비 1.6배 증가했다.

갈수록 증가하는 추세이다. 검거된 것만 숫자로 올라온 것이니 수면 아래에서는 얼마나 더 심한 일이 벌어지고 있겠는가? 우리는 정말 심각하게 성에 대해서 고민을 좀 해야 한다. 특히 다음세대 교사는 더더욱 더. 2022년 3월 6일에 방송된 MBN 예능 '어른들은 모르는

고딩 엄빠(이하 고딩 엄빠)'에 성교육 강사 이시훈이 출연했다. 이시훈 강사의 이야기를 들어보자.

1년에 출산하는 10대 고딩 엄빠가 918명 정도이고 15세 미만은 11명 정도이다. 더불어 현재 한국 청소년 첫 성관계 나이는 평균 13.6세이다.

패널로 출연한 하하는 "중학교 때부터 (성관계에 대한) 이야기를 듣기는 했던 것 같다. 흔하지는 않았지만"이라고 회상했다. 이에 박미선은 "우리 땐 결혼하기 전까지 성관계 이야기하는 걸 부끄러워했는데…"라며 시대의 변화에 놀라움을 금치 못했다.

확실히 시대가 변했다. 그것도 너무 빠르게 변한다. 한 청년과 '만남'에 대해 이야기를 한 적이 있다. 그때 내가 "나는 자만추가 좋아"라고 했다. 청년이 웃으며 말했다.

"목사님~ 그거 무슨 뜻인지 알고 말씀하시는 거죠?"

"응. '자연스러운 만남을 추구'의 약자 아니야?"

"아니에요. 요즘은 '자보고 만남 추구'로 써요."

선(先) 섹스, 후(後) 만남이다. 한마디로 속궁합이 맞아야 한다는 뜻이다. 이걸 '시대의 흐름이다'라고 이해해야 할까? 그러기에는 예수님이 너무 슬퍼하실 것 같다.

교회라고 다를까? 다음은 <기독교가 답이다>라는 블로그에 나왔던 글이다. 공통점을 찾아보아라.

최고의 기독교 변증가였던 라* 재카****

월로우크릭 교회의 빌 하***

뉴욕 힐송 교회의 칼 렌*

글로벌 힐송 교회의 브*** 휴**

청어람 아카데미 양*송

성락교회 김*동

삼일교회 전*욱

모두 교회의 지도자들이다. 그리고 성 문제를 일으켰던 이들이다. 물론 이들 중에는 진실한 모습으로 반성을 한 이들도 있다. 이들에게 비난의 손가락을 펼치려는 것이 아니다. 나 역시 결코 깨끗하다고 생각하지 않는다. 다만 기독교 지도자들이라고, 교회를 오래 다녔다고 해서 성적인 문제에서 자유로울 수는 없다. 하물며 아이들은 오죽할까.

교회학교에서도 성은 심각한 문제다. 여전히 교회에서 쉬쉬하고 있지만, 실제로 교회는 이 부분에 대해서 정말로! 심각하게! 고민해야 한다. 중·고·청은 물론이거니와 이제 유년부도 예외가 아니다. 유년부부터 올바른 교육이 필요한 시대가 되었다. 먼저는 부모가 여기에 대한 깊은 고민이 있어야 한다. 그리고 교사 역시 깊은 고민이 필요하다.

물론 아이들이 선생님에게 이런 질문을 갑자기 하지는 않을 것이다. 아직 한국에서는 이런 민감한 질문을 바로 하는 아이들은 없다.

적어도 지금까지 내가 만나본 아이들은 그렇다. 아마도 궁금하지 않아서가 아니라 묻지 못해서이리라. 시간이 조금 지나면, 어느 날 기회가 되면 아이들이 물을지도 모르겠다. 비슷하게 에둘러서 물을 때가 있으리라.

대비(對備)해야 한다. 질문을 받고 생각하면 늦는다. 대부분은 정답 '만' 말하게 된다. 그러면 또 아이의 얼굴을 사색으로 만들어 버린다. 그러니 미리미리 생각해야 한다. 미리 생각해야 대답에 대한 유연성도 생기고, 따뜻함도 챙긴다. 무엇보다 성경이 말하는 바를 정확하게 설명할 수 있다. 평소에 고민하며 아이들이 궁금해할 수 있는 질문에 미리 답을 만들어 보자. 그런 교사가 아이들의 마음을 얻을 수 있다.

성(性), 사색(思索), 그리고 대답(對答)들

그렇다면 교사는 성에 대해서 어떤 대답을 하면 좋을까? 먼저는 일반 작가들의 대답을 조금 들려주고 싶다. 한성희 씨는 정신분석 전문의이다. 40년간 20만 명의 마음을 치료해 온 전문의이다. 그런 그녀가 자기 딸에게 하고 싶은 이야기를 책으로 만든다. 《딸에게 보내는 심리학 편지》이다.

이 책의 부제는 '30년 동안 미처 하지 못했던 그러나 꼭 해주고 싶은 이야기들'이다. 30년간 얼마나 많은 사색을 했을까? 그런 그녀가 자기 딸에게 이렇게 말한다.

자신을 긍정적으로 바라보고 존중할 줄 아는 사람일수록 타인과 관계를 맺

는 능력도 안정적이다. 자신에게 찾아온 사랑이 불완전해도 그 자체만으로
도 기뻐하고 반긴다. 자신을 믿듯 사랑도 믿기 때문이다. 그러므로 섹스를 하
느냐 마느냐보다 더 중요한 것은 스스로를 아끼고 사랑할 줄 아는가 하는 점
이다. 그런 다음 섹스에 대한 자기 철학을 세울 수 있어야 한다. … 의무감 때
문에 하는 섹스, 남자가 원하니까 어쩔 수 없이 하는 섹스라면 차라리 하지
않는 것이 좋다. 자신을 누군가를 위한 대상으로 두어선 안 된다.”9)

테레사 조던(Teresa Jordan)은 《생활수업》에서 '순결'을 하나의 소 챕
터로 다룬다. 그는 이렇게 외친다.

　상대의 책꽂이를 보기 전엔 밤을 함께 하지 마세요! 나는 이 젊은이들에게
소리치고 싶다. 상대의 책꽂이에 어떤 책이 꽂혀있는지 알기 전에는 잠자리
를 함께하지 말아요! 몸이 전부가 아니랍니다. 우리는 정신과 몸과 영혼으로
이뤄져 있어요! 온전한 인간이죠! 귀중한 인간이라고요! 자신을 소중히 여기
세요!10)

일반 작가들은 '무엇보다 자신이 소중하다'라고 목소리를 높인다.
자신을 소중히 여기는 첫걸음은 바로 몸을 소중하게 여기는 것이다.
몸을 소중히 여기는 것! 이것이 일반 작가들의 대답이다. 신앙인은 여
기서 조금 더 나아가야 한다. 바울, 그는 우리의 몸이 왜 소중한지를
이렇게 설명한다.

여러분의 몸은 여러분 안에 계신 성령의 성전이라는 것을 알지 못합니까? 여러분은 성령을 하나님으로부터 받아서 모시고 있습니다. 여러분은 여러분 자신의 것이 아닙니다. 여러분은 하나님께서 값을 치르고 사들인 사람입니다. 그러므로 여러분의 몸으로 하나님을 영화롭게 하십시오.

_고전 6:19-20 / 새번역

바울이 말하는 몸은 성전이다. 영광의 시작이 몸이다. 몸에서 출발하여 하나님께 영광을 돌리는 것이다. 김관선 목사는 이렇게 말한다.

하나님은 사람을 창조하시면서 몸을 먼저 만드셨습니다. 사람의 몸은 하나님의 작품입니다. 더욱이 하나님은 하나님의 형상대로 사람을 지으셨습니다. 몸에도 하나님의 형상이 담겨 있습니다. 하나님은 완벽한 인간의 몸을 만드신 것입니다. 몸이 없으면 영도 들어갈 공간이 없습니다. 몸은 영이 담기는 공간이요 그릇과 같습니다. 몸이 없으면 영도 이 땅에 존재할 수 없습니다. 그것이 죽음입니다.[11]

그렇다고 순결한 몸만 강조할 수는 없다. '자만추'에서 동정(virginity)이 어디 있겠는가? 위에서 언급했던 <기독교가 답이다>의 블로그 저자는 이렇게 말한다.

순결(purity)과 처녀성(동정, virginity)은 다르다. 동정은 회복될 수 없으나, 순결은 회복될 수 있다. 동정이 깨어졌다고 해서 반드시 순결함까지 더러워지는 것은 아니다. 결혼한 남녀는 그 순간 동정이 깨지지만, 그들은 결혼이라는 언약 아래 순결함을 잃지 않는다. 반면 동정을 지켰다고 해서 반드시 순결한 것도 아니다. 한 번도 이성과 관계를 갖지 않았을지라도, 음욕과 자기 몸매 과시 등에 빠져 있다면 그 사람은 순결하지 못하다. 여기에 우리에게 위로가 되는 것이 있다. 동정을 잃었다고 할지라도, 우리의 순결함은 다시 회복될 수 있다는 것이다. … 예수 그리스도의 귀한 보혈은 우리의 모든 죄악을 씻기시고, 우리의 영·혼·육을 다시 순결하게 만드신다.12)

하나님께 이 땅에서 소중하지 않은 사람은 한 사람도 없다. 모두가 다 소중하다. 그런 점에서 나는 저런 대답들이 참으로 좋다. 지나간 잘못을 정죄하지 않고, 앞으로의 행동 방향을 결정할 수 있는 저런 대답들이 참으로 좋다. 성경도 말하고 있지 않았는가?

우리가 우리 죄를 자백하면, 하나님은 신실하시고 의로운 분이셔서, 우리 죄를 용서하시고, 모든 불의에서 우리를 깨끗하게 해주실 것입니다._
요일 1:9 / 새번역

앞서 언급한 대답들은 바로 나오지 않는다. 사색해야만 이런 대답을 얻을 수 있다.

사색(思索)하는 교사가 기회를 잡는다
그리스를 방문했을 때 기회의 신(카이로스)의 조형물을 보았다. 우스

꽝스러웠다. 그러나 그 밑에는 이렇게 적혀 있었다.

내가 벌거벗은 이유는
사람들 눈에 잘 띄게 하기 위함이고,
내 앞머리가 무성한 이유는
사람들이 나를 보았을 때 쉽게 붙잡기 위함이며,

내 뒷머리가 대머리인 이유는
내가 지나간 후 다시는 나를 잡지 못하도록 하기 위함이다.

내 어깨와 발에 날개가 있는 이유는
그들 앞에서 최대한 빨리 사라지기 위함이다.

나의 이름은 기회이다.

기회는 아무에게나 주어지는 것이 아니다. 그것을 알아보고, 앞 머리채를 잡는 사람에게 주어지는 것이다. 분명 아이들이 교사에게 주는 기회는 매우 제한적이다. 한 번의 질문과 한 번의 대답! 여기에 아이들은 다음에 교사에게 질문을 해도 될지 아닐지를 결정한다. 자신의 마음을 열어도 되는지 안 되는지를 결정한다. 물론 말만 잘해서는 안 된다. 행동도 당연히 따라야 한다. 그러나 일단 말이 효과가 가장 빠르다. '다음에 기회가 있겠지'라고 생각하며 그 기회를 날려 버리면 안 된다. 기회는 어깨와 발에 날개가 달려있어서 다음이 없을지도 모르기 때문이다.

나는 지금도 그 친구의 질문을 여전히 생각한다. 매일은 아니지만 거의 매일같이 생각한다. 정말이다. 펜을 들어 편지를 적기까지 얼마나 많이 고민했을까? 편지를 주던 그 손은 얼마나 떨렸을까? 대답을 기다리던 그 시간은 얼마나 마음이 쿵쾅거렸을까? 흡사 예수님의 옷에 손을 대던 혈루병 여인의 마음과 같지는 않았을까? 기다렸고 기대했으리라.

잘은 모르지만 어쩌면 그 친구는 답을 알고 있었으리라. 다만 하나님이 원하시는 그 답을 살아내려는 자신의 결단에 대한 용기가 필요했으리라. 지지가 필요했으리라. 그래서 교역자에게 공감받고 싶어했을 것이다. 그러나 한 번도 생각해 보지 못한 질문에 나의 대답은 정답'만' 있었다. 정답'도' 있었으면 참 좋을 뻔했는데…. 학생의 혼란한 마음과 기대고 싶은 마음을 나는 보지 못했다. 그렇게 기회의 신은 날아가고 말았다.

교사의 자리는 사색하는 자리여야 한다. 교사는 더 넓고, 더 깊게 생각해야 한다. 생각하지 않으면 사고가 굳어져 버린다. 그런 점에서 나는 사색은 스트레칭이라고 생각한다. 스트레칭 없는 활동이 근육에 부상을 가져오듯, 사색 없는 삶이 누군가에게 상처를 준다. 누군가의 마음을 잃게 된다. 기회를 잃게 되는 것이다.

사색은 곧 기회이다. 예수님도 말씀하신다. "머뭇거리지 마라. 뒤돌아보지도 마라. 하나님 나라를 내일로 미룰 수는 없다. 오늘 기회를 잡아라" 사색하는 교사가 기회를 잡는다. 사색하는 교사가 아이들의 마음도 잡는다. 결론은 간단하다.

교사의 자리는 사색(思索)하는 자리이다.

사색하는 교사에게 반드시 기회가 온다!

그리고 반드시 그 아이의 마음을 잡을 수 있다.

3. 세스코에 배우라

진지함의 시대는 갔다

진지함이 꼭 좋은 시대는 아니다. 과거에는 진지하면 진정성이 있다고 했다. 진지함이 미덕이었다. 그러나 요즘은 좀 다르다. 여기 한 학생의 말을 좀 들어보자.

"목사님! 겁이 나서 선생님께 무슨 말을 못 하겠어요!"

고등학생 아이가 답답한 얼굴로 나를 찾아왔다. 도대체 선생님이 어떻게 했길래 '겁이 난다'라는 표현을 썼을까? 아이의 말을 조금 더 들어보자.

목사님~. 우리 선생님은 제가 어떤 말을 하면 꼭! 대답해야 한다는 강박관념이 있으신 것 같아요. 그냥 마음에 있는 말을 하는 건데, 우리 선생님은 이건 이렇고 저건 저렇고 계속, 계속 말씀하세요. 하나를 물으면 열을 대답하세요. 꼭 답을 하지 않으셔도 되는데…. 그것도 너무 진지하게 말씀하시니까 무슨 윤리 시간 같아요. 한마디로 진지충이에요. 그러니까 무슨 말을 못 하겠어요.

분명 너무도 고마웠을 것이다. 교사는 자신을 찾아온, 그리고 자신에게 어떤 이야기를 꺼내준 그 학생이 너무도 고마웠으리라. 그래서 하나를 물으면 열을 대답해 주고 싶었을 것이다. 분명 가장 좋은 대답을 해주려고 노력했을 것이다. 최대한 진지하게 말이다. 나 역시 처음에는 그랬다.

목회자이다 보니 청소년 혹은 청년들이 종종 상담하러 온다. 나 역시 처음에는 나를 찾아온 이 학생들에게 어떤 답을 내려 줄지를 고민했다. 고마워서라도 더 올바른 대답을 해주고 싶었다. 그러나 사실 대답이 먼저가 아니다. 이것을 깨닫는 데 상당히 오랜 시간이 걸렸다. 마침 딱 좋은 예화가 하나 생각난다.

이제는 공감의 시대다

언젠가 친하게 지내던 자매가 웃으며 이런 질문을 했다.

> 목사님! 어제 집에 페인트칠을 새롭게 했어요. 그런데 페인트 냄새가 너무 심해서 머리가 정말 아파요. 창문을 닫고 있으려니 페인트 냄새 때문에 죽겠고, 창문을 열면 매연 때문에 머리가 깨질 것 같아요. 그런데도 창문을 열어야 할까요? 아님 닫아야 할까요? 어쩌면 좋겠어요?

이 질문에 어떤 대답을 해야 할까? 당신은 뭐라고 대답하겠는가? 잠시 고민 후에 이렇게 말했다.

음. 열어야지! 집에 마스크 있지? 마스크를 쓰고 열어. 티브이에서 봤는데 페인트 독성이 장난이 아니래. 문을 닫으면 페인트가 잘 안 마르니까 머리가 더 아플 거야.

정답은 아니다. 나름 참 이성적인 대답이었다고 생각한다. 혼자는 정말 만족했다. 정확히는 혼자'만' 만족했다. 실제로 저 질문은 <응답하라 1994>의 유명한 대사이다. 극 중에서 성나정 씨가 하숙집 남자들에게 했던 질문, 자매는 이 질문을 나에게 그대로 한 것이다. 내 대답을 듣기 위해서.

이 질문에 대한 정답은 문을 여닫는 데 있지 않다. 이 질문에 대한 올바른 대답은 "그런데, 너는 지금 괜찮아?"라고 먼저 묻는 것이다. 문을 여닫는 것은 나중 문제다. 머리가 정말 아프다고 말한 상대에게 일단 안부를 물어야 한다. 유영만은 《생각지도 못한 생각지도》에서 말한다.

공감은 머리로 생각해서 그 사람의 입장이 되어보는 역지사지가 아니라 내가 직접 상대방의 입장이 되어서 체험해보고 생각해 보면서 느끼는 측은지심이다.13)

측은지심이 공감이다. 그러나 나는 그러지 못했다. 예전에 코미디 프로그램에서 '여자의 언어'라는 말이 참으로 유행했었다. 그러니까 이런 식이다. 커플의 대화, 점심 메뉴를 묻는 남자의 질문에 여자가 대답한다.

"아무거나 괜찮아"

그러면 진짜 아무거나 괜찮다는 말인가? 절대로 아니다. 여자가 말하는 "아무거나"라는 말은 의미는 '여자가 어제 먹었던 저녁 메뉴와 오늘 아침 메뉴는 빼고, 오늘 날씨에 안 어울리는 메뉴 빼고, 여기에 자신의 기분과 드레스 코드에 맞는 음식', 그 음식이 바로 '아무거나'이다. 기본적으로 이것은 여자의 심리에 대한 이해가 밑바탕에 깔려 있어야 한다. 즉, 공감 센스가 있어야 한다. 그러니 나 같은 남자에게는 센스가 아니라 미스테리이다.

이제는 공감의 시대이다. 공감은 '타인의 상황이나 기분을 느낄 수 있는' 능력을 말한다. 저 사람이 슬플 때 나도 슬프고, 저 사람이 기쁠 때 나도 기쁜 것이 공감이다. 과거 인류의 역사에서 보면 감성보다는 이성이 훨씬 더 우위에 있었다. 덕분에 공감하지 못한다고 해도 문제 될 것이 없었다. 그러나 세상이 변했다. 3차 산업 시기부터는 공감이 핵심 키워드로 떠오르기 시작한다. 미국의 경제학자 제러미 리프킨(Jeremy Rifkin)은 이렇게 설명한다.

종교의 시대를 거쳐, 이성의 시대를 지나, 이제는 공감의 시대이다. 이제 21세기는 승자와 패자를 가르는 게임에서, 서로가 윈윈하는 전략, 폐쇄성에서 투명성으로, 이기적인 경쟁에서 이타적 협업으로 시대가 변하고 있다.

여기에서의 핵심이 바로 '공감'이다. 그래서 리프킨은 인류를 이렇게 정의한다.

'호모 엠파티쿠스'(Home Empathicus) : 공감하는 인간

코로나 시대를 겪으면서 공감의 영향력은 더욱더 증대될 것이다. 공감은 연결이기 때문이다. 비대면 사회가 되면 될수록 역으로 사람들은 더 많은 감정적 연결을 원하게 된다.

그러니 공감은 곧 소통이고, 공감하지 못하면 불통이다. 불통하면 '혼자'가 되고 외롭다. 반면 소통하면 '함께'가 되고, 그 기쁨을 누릴 수 있다. 당연히 교사는 무엇보다 공감할 줄 알아야 한다. 공감하는 교사가 되어야 한다. 나는 이 공감의 가장 좋은 예가 세스코 회사라고 생각한다.

세스코의 공감법을 배우라

해충을 잡는 회사가 고객을 잡아버렸다. 요즘은 회사에서 이런 대답을 잘 하지 않는다. 그러나 과거에 그들이 어떻게 고객을 먼저 잡았는지 살펴보자.

고객 질문 1] 우리 집에 벌레 한 마리가 사는데 '삼수 벌레'라고. 대학 한 번 가 보겠다고 삼수째인데 이번에도 만족할만한 결과는 못 나올 것 같네요. 이게 벌레지, 뭐 딴 게 벌레겠습니까. 집에서 밥만 축내고, 아 … 친구들은 벌써 군대 가고 3학년에 저만치 앞서가는데 저는 벌레 마냥 집구

석에서 뭐 하고 있는지 모르겠습니다. 이것도 세스코에서 잡아주나요? (08. 11. 01.)

세스코 대답] 저장식품 해충 중 화랑곡나방이 있습니다. 요 녀석은 환경조건 (먹이, 온도 등)에 따라 유충 기간을 2주에서 300일까지 조절이 가능합니다. … (중략) 지금은 남들보다 조금 늦을 수 있지만 그 이후에는 동일하거나 더 나을 수 있다는 것을 기억하시기 바랍니다. (08. 11. 04.)

고객 질문 2] 저는 2년 정도 좋아했던 누나가 있습니다. … 그 누나랑 같은 학교 선후배로 처음 만났습니다. … 첨에는 몰랐는데 시간이 갈수록 '내가 그 누나를 진짜 마니 좋아했구나' 하고 느낍니다. … (중략) 지금 와서 아직 좋아하고 있다고 말을 해야 할지…. 아니면 그냥 지금 여자친구만 바라봐야 하는지 잘 모르겠습니다…. (10. 11. 17.)

세스코 대답] 저 역시 대학 때 동일한 경우가 있었습니다. 이 고민을 다른 선배에게 털어놓았더니 이런 말을 해주더라고요. "너는 이미 그 여자(누나)로 인해 상처를 받았다. 또한 그 여자(누나)가 너와 사귈지도 확실치 않은 상태이다. 무엇보다 중요한 것은 너의 새로운 사랑을 위해 지금 너만을 보고 있는 여자친구에게 상처를 줘야 한다는 것이다." 이 말을 듣고 저는 며칠 고민하다가 누나를 좋아했던 기억은 추억으로 남기기로 결정했습니다. … (중략) 선택은 본인이 하는 것이며, 저와 같은 선택을 하라고 하지는 않겠습니다. 다만 본인에게 솔직해지면 되지 않을까 생각합니다. 그러나 지금 저와 같이 살고 있는 사람은 당시 두 사람 중 어느 누구도 아닙니다. ^^; (10. 11. 18.)

고객 질문 3] 세스코맨도 하얀 바퀴를 보신 적 있나요? 거짓말 같겠지만 정말 하얀 바퀴를 봤습니다. 정말입니다. 믿어주세요. (11. 8. 17.)

세스코 대답] 믿습니다. 저는 정말 많이 봤고 또 보게 될 거거든요. ^^;

바퀴가 알집에서 처음 나올 때나 여러 차례의 탈피를 거쳐 성충이 되는데, 단계별로 유백색을 잠깐 띠지만 시간이 지나면 다시 본래의 채색으로 변합니다. 제일 마지막 단계의 탈피, 즉 성충이 되어 나오는 단계일때는 몸체가 커져서 바퀴가 눈만 검은색인 것이 확실히 보이며, 날개를 포함한 모든 것이 유백색 모습일 때가 있습니다. 흔히 말하는 흰 바퀴이지요.

사육실에서는 바퀴벌레를 키우니까 자주 보지만, 일반 가정집에서 흰바퀴가 보일 정도라면 바퀴 서식밀도가 굉장히 높다고 추정할 수 있습니다. ──^ (11. 8. 17.)

덕분에 세스코는 2001년 기준 팬클럽 창단 100일 기념 행사도 했다. 당시 기준으로 회원 수가 4,300명이었다.[14] 이것은 이 회사 연구소 직원들이 장난 같은 질문에도 성심성의껏 대답한 것이 네티즌의 폭발적인 인기를 끌었기 때문이다. 대단하지 않은가? 분명히 세스코는 상담 회사가 아니다. 이윤을 추구하는 기업이다. 그런데도 그들의 대답은 고객의 마음을 사로잡았다. 사로잡은 마음이 회사의 실적으로 이어졌다. 공감했더니 고객이 된 것이다.

공감은 마음을 살피는 것이다. 세스코는 무엇보다 고객의 마음이 먼저였다. 그들은 정답'만' 말하지 않았다. 혹은 정답'부터' 말하지 않았다. 상실감에 빠진 고객에게는 희망을, 갈팡질팡하던 고객에게는 진실의 중요성을, 자신이 본 것을 믿지 못하던 고객에는 믿음과 지식을 전했다. 얼토당토않은 질문에도 다정함과 유머러스함 그리고 진지함으로 다가갔다. 이것이 바로 공감이다. 우리가 아이들에게 '진지충'이라는 말을 듣는 것은 교사에게 진지함만 있기 때문이다. 반면 세스코는 공감이 먼저였다.

공감해야 잡는다

무엇보다 공감이 먼저이다. 예수님도 최고의 공감쟁이셨다. 이정일 목사는 말한다.

> 예수님을 묘사할 때 자주 등장하는 표현이 있는데, '불쌍히 여기사'가 그것이다. 예수님은 그들의 아픔에 공감하셨기에 나환자에게 서슴없이 스킨십을 하셨고, 사마리아 여인과도 말을 섞으셨으며, 나사로의 죽음 앞에선 눈물을 흘리셨다.[15]

박종순 목사는 심지어 책을 읽을 때도 공감이 필요하다고 말한다. 독서를 잘하기 위해서도 공감이 먼저이다.

> 책 속에서 얻는 교훈과 감동은 글 자체가 주는 경우도 많지만, 저자의 삶의 스토리를 통해서 얻는 경우도 많습니다. 그러기에 독서를 잘하기 필요한 것은 공감하는 것입니다. 이야기에 공감하고 저자가 선택한 표현과 단어에 공

감하는 것이 필요합니다. 책을 읽으면 저자의 삶과 이야기가 궁금해지는 분들이 있습니다. 궁금함이 관심이 되고, 관심이 공감이 되고, 공감이 몰입이 되면 책에서 다루어진 이야기는 결국 나에게 많은 것을 선물합니다. 책이 선물 보따리를 풀지 않은 것은 내가 먼저 공감해주지 않았기 때문입니다.16)

개인적으로는 마지막 문장에서 큰 반성이 되었다. 혹시라도 아이들이 나에게 마음을 열지 않았다면 혹시 그것은 내가 먼저 그들을 공감해주지 않아서는 아닐까? 매주 만나는 아이들을 공감의 대상이 아니라 그저 목양의 대상으로만 보았던 것은 아닐까? 그러기에 지금 저 아이들의 마음이 궁금한 게 아니라 저 아이가 찾는 대답에만 열중하고 있던 것은 아닐까? 머리 아픈 아이의 '상태'가 아니라 창문을 열지 말아야 할지 해결 '방법'에 온 정신이 팔려있던 것은 아닐까?

대부분 학생은 이미 정답을 알고 있다. 대화를 해보면 정답을 알고 싶어서 찾아온 아이는 10명에 2~3명도 안 된다. 실제로는 마음에 이미 대답을 가지고 찾아온다. 지금 나를 찾아온 이 학생은 대답을 듣고 싶어서 찾아온 것이 아니다. 자신의 선택에 대한 공감을 원하는 것이다. 자신이 얼마나 힘든 선택을 했는지를 알아주기를 원하는 것이고, 그런 선택을 지지받고 격려받고 싶은 것이다. 나쁜 선택을 하지 않았음을 확인받고 싶은 것이다.

여기에서 공감이 아니라 진지함만을 말한다면 어떻게 될까? 다 놓치게 된다. 나는 확신한다. 세스코가 정답만 말했으면 세스코는 해충만 잡는 회사로 끝났을 것이다. 지금처럼 유명해지지 않았을 것이다. 그러나 세스코는 고객부터 잡았다. 덕분에 세스코는 성장했다.

교사는 소명을 받은 사람이다. 넥스트 교회교육원의 강의 중 홍승영 목사는 이런 말을 한다. "하나님은 헛된 부르심을 갖지 않으신다"[17] 사역을 하면서 이 말을 점점 더 깨닫게 된다. 실수하지 않는 하나님께서 당신을 교사로 부르셨다. 어쩌면 당신은 누군가의 꼬임으로, 또는 급작스레, 혹은 잠깐만 교사의 직분을 감당하고 있을 수도 있다. 그러나 하나님은 실수하지 않는 하나님이시다. 하나님의 부르심에 '잠깐', '급작스레', '어쩌다 보니'는 없다. 전부 하나님의 계획 안에 있다.

그러니 교사는 공감으로 준비해야 한다. 소명과 사명을 공감으로 이어야만 한다. 그래야만 아이들이 마음 놓고 보따리를 풀어 놓을 수 있다. 부모님에게도 풀지 못했던 그 마음의 보따리를 교사에게 풀어 놓는다는 것! 그 보따리 속을 함께 볼 수 있다는 것! 이것은 정말 생각만 해도 너무 행복한 일 아닌가?

오늘 우리도 세스코 식 답변을 준비해 보자. 언제 어디에서 우리에게 어떤 질문이 찾아올지 모른다. 그러나 교사의 공감 어린 대답에 아이는 오늘 자신이 가져온 마음의 보따리를 풀고 가리라.

공감의 마음을 연습하라!

공감의 표현을 연습하라!

공감이 있어야 학생을 잡을 수 있다.

4. 버텨야 꽃이 핀다

상처 난 교사의 마음

기원전 1,700년 경의 수메르 점토판에서 아버지가 아들에게 이렇게 말한다. "왜 그렇게 버릇이 없느냐? 너의 선생님에게 존경심을 표하고 항상 인사를 드려라"

기원전 425년경 소크라테스는 말한다. "요즘 아이들은 버릇이 없다. 부모에게 대들고, 음식을 게걸스럽게 먹고, 스승에게도 대든다"

1,311년 알바루스 펠라기우스는 이렇게 한탄한다. "요즘 대학생들은 정말 한숨만 나온다. 선생님 위에 서고 싶어 하고, 선생님들의 가르침에 논리가 아닌 그릇된 생각으로 도전한다"

이런 글을 볼 때마다 참으로 위안이 된다. '아! 그때나 지금이나 다른 게 별로 없구나!' 다만 문제는 이 일의 당사자가 바로 우리라는 것이다. 오늘! 나에게! 벌어진 일이라는 점이다. 마음이 상한다. 얘네들은 도대체 왜 그러는 걸까?

한 교사가 나를 찾아왔다. 상심한 얼굴과 미안한 자세로 말을 시작했다.

"목사님! 이런 말씀 드려도 될지 모르겠어요. 시간이 흐를수록, 도대체 아이들을 이해할 수가 없어요. 갈수록 아이들을 맡는 것이 힘에 부칩니다. 연락해도 답을 안 하고, 그렇다고 만나서 물어도 뭐 시원하게 대답을 안 해요. 먹을 것을 사줘도 크게 감흥이 없고, 도대체 뭐를 어떻게 해야 할지를 잘 모르겠어요. 학생이 너무 버릇이 없다는 생각까지 들어요. 가만히 생각해 보면 제가 왜 이렇게까지 해야 하는지 모르겠어요. 답답합니다. 저번 주에는 공과 공부 시간에 아이에게 화를 낼 뻔했습니다!"

충분히 이해된다. 개인적으로 그런 감정을 느낄 때가 참 많다. 사역하다 보면 참 많은 아이를 만나게 된다. 모든 아이가 교역자에게 호의적이지는 않다. 어떤 친구들은 이전 사역자에게 불편한 마음이 있다. 더불어 나 역시 실수할 때가 많다.

그러면 아이들의 마음이 닫힌다. 한 번 닫히면 참으로 힘들다. 열 번 연락하면 한 번 답장해줄까 말까이다. 반가움으로 다가가면 무시로 밀어낸다. 군산 드림교회 교회학교 총 디렉터인 이정현 목사는 페이스북으로 이런 욕까지 먹었다고 한다. "시발놈아 내 인생에서 꺼지고 신고하지 마. … 어린놈한테 욕 먹고 댕기니까 좋지?"[18]

나는 아직 그런 말을 들은 적은 없다. 만약 내가 이 말을 들었다면, 나는 목사님처럼 참을 수 있었을까? 버릇이라고는 눈곱만큼도 없는 이 아이를 가만히 둘 수 있을까? 솔직히 말해서 버틸 자신은 없다.

그렇다면 우리는 어떻게 버텨야 할까? 역으로 접근해 보자.

OO 보면 버티기 어렵다

먼저는, '나의 시각'으로 보면 버티기 어렵다. 이해가 안 되기 때문이다. 그래서 임홍택 씨 같은 경우는 아예 이들을 연구한 책을 썼다. 이 책이 바로 유명한 《90년생이 온다》이다. 앞에서도 몇 번 언급했던 책이다. 임홍택 씨와 같은 분류법을 싫어하는 독자도 있을 수 있다. 그래도 교회학교 교사들은 이 책을 꼭 읽었으면 한다. 저자의 접근법이 좋기 때문이다. 저자는 말한다. "이해하기 어렵다면 제대로 관찰하라"

임홍택 씨가 이들을 관찰하여 얻은 키워드는 세 가지이다. '간단함, 병맛, 솔직함'. 이런 그들에게 기성세대가 자신의 관점으로 다가가기는 힘들다. 기성세대의 시각으로 보면 이들은 '버릇없음'으로 귀결되기 때문이다. 이 책에는 현재 우리와 똑같은 문제를 겪고 있는 중국의 현실이 나온다. '이해할 수 없고, 버릇이 없는 요즘 것들'이 나온다. 그때 가장 인상 깊었던 문장은 이것이다.

> 많은 사람들이 '바링허우(1980년대 태어난 세대)가 문제다', '쥬링허우(1990년 이후 태어난 세대)가 문제다'라고 하는데 이 세대들한테는 문제가 없다. 문제는 우리다. 그들에 대한 신뢰와 지지를 보내는 게 우선이다.[19]

이들이 문제가 아니다. 문제는 항상 나의 시각으로 저들을 보는 데서 시작이 된다. 문제의 이유를 저들에게서 찾는 것이다. 어젯밤에 잠을 설친 것도 저 사람 때문이고, 화가 나는 것도 저 사람 때문이다.

내 삶의 고통은 저 사람 때문이다. 하지만 《논어》 제15편에는 이런 구절이 있다. "군자는 원인을 자기에게서 찾고, 소인은 원인을 남에게서 찾는다"

"저는 군자가 아닙니다"라고 볼멘소리할지도 모르겠다. 당연히 나도 나 자신을 군자라고 생각하지 않는다. 그런 우리의 맘을 들여다보듯이 이정일 목사는 《문학은 어떻게 신앙을 더 깊게 만드는가》에서 일침을 가한다.

> 삶이 고통스러운 것은 현재의 상황을 나의 시각으로만 보기 때문일지도 모른다.[20]

그럴 수도 있지 않을까? 우리가 이 세대를 보며 불편해하고, 고통스러워한다면 이 세대를 나의 기준에서 보기 때문은 아닐까? 내가 이미 만들어 놓은 규범, 예의 그리고 질서의 도마 위에 이들을 올려놓고 보기 때문은 아닐까? 애초에 이들에게 어떤 선택권도 주지 않아서 그런 것은 아닐까? 테레사 조던이 지은 《생활수업》에는 선택에 관한 문장이 나온다.

> 우리는 하루에 열두 번씩 전쟁을 치를 것인지를 선택한다. 때로는 싸워야 하는 경우도 있다. 그러나 선택권이 있다는 사실을 아는 것만으로도 전쟁 같은 일상을 바꿀 수 있다.[21]

공감된다. 나는 '선택권'이라는 말과 '바꿀 수 있다'라는 말에 참 많은 생각이 든다. 우리는 이 세대 아이들과 함께 신앙의 길을 걸어갈 것을 선택했다. 다른 직분도 많았지만, 그래도 우리는 이 아이들을 선택했다. 쉽지 않은 길을 선택한 것이다.

이 선택은 '나의 시각'이 아니라 '너의 시각'으로 보겠다는 다짐이다. "버릇없어!"를 "왜 그럴까?"로, "이해 안 돼!"를 "어떻게 받아들여야 할까?"로 바꾸어 생각하겠다는 각오이다. 하지만 마음의 문을 닫아 놓고 나의 시각으로만 보면 다짐과 결심은 무너진다. 아이들의 신뢰도 잃는다. 공병호 씨의 말이 생각난다.

> 젊은 사람들에게 마음의 문을 열어 놓고 사는 사람이라면 부모로서만이 아니라 나이 든 사람으로서 어디서든 신망과 존경을 받을 가능성이 높습니다.[22]

마음을 열고 살면 배울 것이 많다. 앞에서 언급한 장진희 사모는 자기 딸들을 보며 이런 고백을 한다.

> 딸들의 생각은 날마다 커가고 우리 부부는 그보다 더디다. 세 살 아이에게도 배울 것이 있다는데 청춘을 달리는 딸들에게 얼마나 배울 점이 많겠는가? 우리에게는 대화하고 소통하는 힘이 있다. 오늘도 가슴을 열고 딸들의 언어에 귀를 기울인다.[23]

마음을 열고 딸들의 방식을 배우려고 하니까 소통이 되는 것이다. 딸들의 시각으로 보니까 배울 것이 많은 것이다. 그러나 여전히 나의 시각으로 보면 내가 옳다고 생각하기 쉽다. 그렇게 되면 다음세대를 향한 당신의 결심은 무너질 것이다.

상처 난 나의 마음을 돌아볼 때는 항상 먼저 생각하는 것이 좋다. '누구의 시각'으로 먼저 보았는지를. '나의 시각'으로 보면 버티기 어렵다.

다음으로, '열매부터' 보면 버티기 어렵다. 으레 그렇듯, 열매라는 것은 심는다고 바로 열리지 않는다. 나무의 상태와 토양, 그리고 기후가 전체적으로 안정이 되어야 열매를 맺는다.

사역지에 부임하게 되면 바로 열매가 생기지 않는다. 사전 작업이 필요하다. 아이들의 상태도 파악해야 하고, 지역의 문화도 봐야 한다. 섬세한 돌봄이 있을 때 비로소 사역의 열매가 맺기기 시작한다. 아이들이 건강해지고 숫자적으로도 부흥하기 시작한다.

사역자는 때론 열매의 조건을 다 갖추어 놓고 떠나야 할 때가 있다. 열매가 열리는 것이 보일 때 사역지를 옮겨야 하는 것이다. 그러면 다음 사역자는 부임하고 얼마 지나지 않아 바로 열매를 보게 된다. 솔직하게 나는 이때가 제일 억울하다. '억울하다'라는 말이 신앙의 고백이 아님을 알고 있다. 하지만 나도 사람인지라 고생만 하고 떠날 때는 뭔가 억울하다. 그런데 바울은 완전히 다른 말을 한다.

나는 심고, 아볼로는 물을 주었습니다. 그러나 하나님께서 자라게 하셨습니다. _고전 3:6 / 새번역

바울은 자라게 하고, 열매 맺게 하는 분은 하나님이라고 말한다. 신약성경에서 바울처럼 대단한 인물이 어디 있겠는가? 그런데도 그는 그저 자신을 씨를 뿌리는 사람이라고 소개한다. 또는 그저 물 몇 번 준 사람이라고 말한다. 모든 것은 하나님이 하신 것이라고 고백한다. 기독신문에서 우간다 이정식 선교사님의 기사를 본 적이 있다. 선교사님은 고백했다.

> 저는 22년 전 제일평화교회를 통해 우간다에 심겨진 하나의 나무였습니다. 20년이 지나는 동안 저를 통해 하나님은 우간다 땅에 'Global christ mission church'란 교단을 자라게 하셨고, 20년이 지난 현재 열매 맺는 것을 목격합니다. … 이제 시간이 되어서 하나님은 그 나무에 열매를 맺고 계신 것입니다.[24]

신앙생활 하다가 실패하는 이유 중 하나는 열매부터 보기 때문이다. 동아일보에서 김강안 씨(모바일 게임회사 111퍼센트 대표)의 인터뷰를 본 적이 있다. 그는 150번 도전해 10번 성공했다고 한다. 그가 말한다.

> 실패란 단어를 좋아합니다. 지금까지 150개의 게임을 출시했는데, 성공한 것은 10개 미만이에요. 수많은 실패를 반복하다가 성공작이 하나둘 쌓였고, 2016년 23억 원이었던 매출이 2020년에 1,500억 원에 이르게 됐습니다. … 한 번에 성공을 꿈꾸는 게 더 이상한 거죠. 실패하는 게 당연했고, 그럼, 또 도전할 기회가 생긴다고 생각했어요. 실패는 내가 자신감을 더 쌓아나가

는 과정이라고 여겼습니다.[25]

이강인 대표가 열매부터 보았다면 150번의 도전을 하지 못했을 것이다. 열매부터 보면 인내하기 어렵다. 결과가 당장 눈에 보이지 않기 때문이다. 교사도 마찬가지이다. 교사의 역할은 그저 씨를 뿌리는 사람일 수 있다. 또는 물을 주는 사람일 수도 있다. 딱 거기까지이다. 거기에서 멈추어야 한다. 열매에 관여하는 순간, 열매가 왜 자라지 않는지를 보는 순간 우리는 실망하게 된다. 자기 생각처럼 열매가 맺히지 않을 수도 있기 때문이다.

성경은 열매는 하나님께서 맺게 하신다고 말한다. 우리는 그저 심고, 물을 주면 되는 것이다. 그것이 교사의 역할임을 안다면 조금은 더 잘 버틸 수 있을 것이다.

90초를 버티면 된다

교사도 화가 날 수 있다. 그럴 수 있다. 사람은 기대하지 않은 반응을 만나면 순간적으로 화가 날 수 있다. 지극히 자연스러운 현상이다. 그렇다고 막 화를 내어도 된다는 뜻이 아니다. 뇌과학자인 질 볼트 테일러(Jill B. Taylor)에 따르면 우리가 선택할 수 있다고 한다. 그의 책 《긍정의 뇌》를 보면 뇌의 입장에서 이야기를 들려준다.

여러분이 분노와 좌절로 나를 때할 때, 나는 여러분의 분노를 그대로 받아 싸움을 걸 수도 있고(좌뇌), 아니면 여러분의 감정에 공감해 이해하는 마음으로 대할 수도 있다(우뇌). 대부분의 사람들이 모르고 있지만, 우리는 매 순간 어떻게 반응할지 무의식적으로 선택한다. 이때 미리 프로그래밍 된 반응의 패턴(변연계)에 익숙해져 자동 조정 장치에 우리의 삶을 맡기기 쉽다.26)

당신은 교사로서 지금 선택할 수 있다. 당신은 지금 이 상황에서 '논리와 이성(좌뇌)'을 '온(on)' 할 수 있다. 그리고 화를 내는 것이다. 아니면 '공감과 이해(우뇌)'를 '온(on)' 할 수도 있다. 그리고 이 상황을 이해하고 웃으며 넘어갈 수도 있다. 공병호 씨는 《일취월장》에서 이렇게 제안한다.

90초 법칙'을 따라 해보세요. 딱 90초만 참는 겁니다. 분노를 관장하는 호르몬은 90초면 우리 몸을 빠져나갑니다. 그다음에 화를 계속해서 낼지 말지는 스스로 선택하는 것입니다. 화내기를 고집하는 좌뇌보다는 화합과 상대방에 대한 이해를 강조하는 우뇌를 사용하면 됩니다. '따지길 좋아하는 좌뇌는 오프(off), 상대를 이해하려는 우뇌는 온(on)'하는 것이죠.27)

질 볼트 테일러 역시 똑같은 말을 한다.

(우리 두뇌에는) 자동적으로 활성화되는 변연계(감정) 프로그램도 있는데, 하나의 프로그램이 활성화되었다가 멈추는데 90초 정도가 걸린다. 가령 분노라는 감정은 자동적으로 유발되도록 설계된 반응이다. … 어떤 계기로 분노가 발생하면) 최초 자극이 있고 90초 안에 분노를 구성하는 화학 성분이

혈류에서 완전히 빠져나가면, 우리의 자동 반응은 끝난다. 그런데 90초가 지났는데도 여전히 화가 나 있다면, 그것은 그 회로가 계속 돌도록 스스로 의식적으로 선택했기 때문이다.[28]

버텨야 한다. 90초만 버티면 화를 유발하는 화학적 성분은 이미 다 빠져나간 상태다. 생각해 보면 우리가 화를 내고 돌아서서, 혹은 그날 밤에 후회한 적이 어디 한두 번이던가? 테일러의 설명에 의하면 호르몬은 이미 다 빠져나갔다. 내가 의식적으로 화를 선택한 것이다.

예전에 처음으로 사역을 시작할 때, 나는 20대 초반의 혈기 왕성한 청년이었다. 화를 잘 참지 못하는 성격이었다. '시험 기간에 빠지는 고등학생'들을 지도하다가 부장님과 의견이 충돌했다. 이것이 몇 번 쌓이니 다툼이 되었다. 몇 번 참다가 들이받고야 말았다. 지금 생각해 보면 너무너무 죄송하다. 그날, 씩씩거리고 있는 나를 보며 담임목사님께서 한마디 하셨다.

김 전도사~. 나는 김 전도사의 생각이 틀렸다고 생각하지 않아. 신앙이 제일 중요하지. 다만 성도랑은 싸우면 안 돼. 그게 설령 김 전도사가 맞는 말만 했고, 맞는 행동만 했다고 하더라도 싸우는 순간 관계는 끊어지는 거야.

이 말은 내 목회에서 모토가 되었다. 그렇다고 지금 화를 안 내는 목회자라는 뜻은 절대로 아니다. 다만 40이 넘고 보니 이제 목사님의 말씀이 조금 이해가 된다.

좌뇌를 온(on) 하는 순간 관계는 오프(off) 된다. 혹시라도 아이들을 향해 화를 내었다면(화를 내는 얼굴빛이라도 보였다면) 아이와의 관계가 멀어진다. 경험에서 보면 대부분 수습은 힘들다. 나 역시 그 후에 부장님께 죄송하다고 말씀은 드렸지만 관계가 회복되지는 못하였다. 한 번 멀어지니 다시 가깝게 지내기는 어려웠다. 관계라는 꽃대는 꺾였고, 꽃은 피지 못했다. 그러니 버텨야 한다. 흔히 요즘 말로 '존버'해야 한다. 교사는 존버가 미덕이다. 일단 90초만 버티면 훨씬 수월해진다.

버티면 반드시 꽃이 핀다

어떻게 버틸까? 90초를 버티라고 하는데, 도대체 어떻게 하면 마음을 다스릴 수 있을까? 개인적으로 SK케미칼 최창원 부회장의 방법을 추천하고 싶다. 최창원 부회장은 '구나, 겠지, 감사'의 3단계로 마음을 다스린다고 한다. 그는 개인적으로 거슬리는 일이 생겼을 때, 이렇게 생각한다고 한다.

> 처음엔 "그가 내게 이러는 이러는구나"하고 객관적으로 받아들인다. 다음엔 "뭔가 이유가 있겠지"라고 생각한다. 마지막은 "뭣뭣 하지 않은 게 감사하지"라고 마무리하는 것이다.29)

정말 현명한 방법이라고 생각한다. 90초 동안 그렇게 생각하면 마음을 다스릴 수 있다. 분노의 호르몬이 충분히 빠져나가고, 좌뇌는 오프(off) 된다. 그의 방법을 보며 나 역시 교사들이 이렇게 생각했으면 좋겠다. 이렇게 적용해 보았으면 좋겠다.

어느 날! 한 버릇 없는 학생으로 인하여 화가 나려고 한다면 … 그 때! 일단 90초를 버텨야 하는 바로 그때!

처음엔 "이 아이가 나에게 또 이러는**구나!**"라며 현실을 받아들이 자. 객관적으로 받아들이자. 어디 나를 화나게 하는 게 이 아이뿐일 까? 내 뱃속에서 나온 아이도 말을 안 듣는데, 하물며 이 아이라고 다를까? 하루 이틀도 아니고 한두 번도 아니었을 테니 받아들이자.

다음엔 "뭔가 이유가 있**겠지**"라고 생각한다. 아침부터 엄마에게 혼났을 수도 있고, 갑자기 컨디션이 안 좋을 수도 있다. 게임 하다가 아이템을 떨궜을 수도 있다. 진짜로 피곤해서 그럴 수도 있다. 세상 아이들처럼 늦잠을 잘 수도 없었을 테니.

마지막으로 "그래도 교회에 온 것만이라도 **감사**하지"라고 마무리 해보자. 정말로 한 명의 아이가 교회에 온다고 하는 것은 쉽지 않은 일이다. YFC 13대 회장 김상준 목사는 말한다. "청소년 복음화율 3%입니다. … '라떼는 말이야'로 추억팔이나 하고 있을 때가 아닙니 다"30) 정말로 심각한 이야기이다. 우리 모두 정신을 바짝 차려야 할 때이다. 악한 세력은 여전히 우리 아이들이 교회에 가지 못하도록 당 신이 글을 읽는 지금, 이 순간도 발악하고 있을 테니.

그러면 게임 오버다. 앵그리 오버다. 이렇게 찬찬히 생각하면 90초 는 이미 지나갔다. 화는 오프(off), 관계는 온(on), 꽃필 준비 온(on)이다. 꼭! 기억했으면 좋겠다. 교사는 어쨌거나 버텨야 한다. 열매가 보이 지 않아도 버텨야 하고, 화를 내지 않도록 버텨야 한다. 그냥 버티기 힘들 때는 버팀의 주문을 외쳐가면서라도 버텨야 한다.

교사가 그렇게 버틸 때 비로소 꽃이 핀다. 상상해 보라. 이 순간을. 그 꽃이 어느 날, 나에게로 온다. 그리고 말한다. "선생님 덕분에 제가 여기까지 올 수 있었어요. 사랑으로 키워주셔서 감사해요" 진짜 말로 할 수 없는 감동의 순간 아닌가?

나 역시 그렇게 버텨준 교사들의 노력, 인내심의 총합으로 꽃이 폈다. 피우고 보니 '목사'라는 꽃이다. 지금도 한 분 한 분께 너무 감사드린다. 철없던 한 아이를 이렇게 사랑으로 키워주셔서. 세상 물정 모르던 한 아이를 사랑으로만 받아주셔서. 덕분에 내가 있고, 그런 내가 이렇게 글을 쓴다. 그러니 당신도 버텨주시라. 감정이든, 상황이든, 마음이든, 다 버텨주시라. 버티면 꽃이 핀다.

그러니 혹시라도

자제력을 잃기 직전에!

화가 나려고 하기 직전에!

뭔가 이성의 끈이 끊어지려는 직전에!

몸도 마음도 포기하고 싶은 마음이 든다면 이렇게 외쳐보자.

버팀의 주문을 크게 외쳐보자!

"구나! 겠지! 감사!"

버티면 반드시 꽃이 핀다.

5장
부모가 알아야 할 4가지 법칙

다음 없는
다음세대에 다가가기

다음세대 교육 리부팅 1

다음 없는
다음세대에 다가가기

1. 마음의 법칙

자녀의 심리적 조망권

사랑은 선을 지키는 것이다. 우리 주위에는 사랑한다는 이유로 선을 넘는 사람들이 많다. 특히 학부모 중에 그런 분이 많다. 교회학교에서 만난 한 아이는 그런 부모를 향해 이렇게 절규했다. "숨 막혀요!"

아무리 가까워도 선은 지켜야 한다. 심지어 내 삶이 내 것이라고 할지라도 지켜야 할 선이 있다. 송주연 작가는《이 선 넘지 말아 줄래요?》에서 이렇게 말한다.

> 나를 사랑하고 싶다면 나와 거리를 두어야 한다. 나를 괴롭히는 과거의 상처, 마음에 들지 않는 행동들, '이래야 한다'는 나에 대한 신념들과 적절하게 선을 그을 수 있을 때, 그리고 그 선 너머에서 나를 바라볼 때 온전한 나의 모습을 볼 수 있다. 그럴 때 비로소 나 자신을 사랑할 수 있을 것이다.[1]

송주연 작가는 선을 지킬 때 나 자신도 사랑할 수 있다고 말한다. 나의 삶에 지켜야 할 선이 있다면 부모와 자녀의 관계에서도 반드시 선이 필요하다. 부모와 자녀 사이에도 선이 있어야 한다. 일종의 경계선이다. 정신과 의사인 정혜신은 이 선이 얼마나 중요한지를 이렇게 설명한다.

　　자신의 경계가 뚫려서 피를 철철 흘리면서도 내가 왜 이렇게 아픈지 모르는 경우가 많다. 반대로 내가 타인의 경계를 마구 침범해서 마구 짓밟고 훼손하고 있으면서도 그걸 전혀 인식하지 못하고 상대방을 사랑해서 그랬다는 둥 진심을 몰라서 답답하다는 둥 자신이 피해자인 줄 착각하는 경우도 흔하다. 본인이 그런 일을 했다는 사실조차 모른다. 사람과 사람 사이의 경계는 눈에 보이지 않아서다. 사람 사이의 경계를 지킬 수 있으려면 경계를 인식하는 일이 무엇보다 우선이다.[2]

　자신의 경계가 뚫리면 피를 철철 흘리는 상태가 된다. 정혜신 의사는 이 선을 지키는 것을 '심리적 조망권'을 지키는 것이라고 설명한다.
　요즘은 조망권이 돈이 되는 시대이다. 리얼 케스트의 기사에 따르면 "같은 브랜드, 같은 단지에 있다고 하더라도 한강 조망권에 따라 수억 차이가 난다"라고 한다.[3] 그래서 요즘 사람들은 자신의 조망권이 침해받으면 소송을 건다. 조망권은 선을 지킬 때 유지되는 권리이기 때문이다.
　눈에 보이는 조망권도 이런데 하물며 부모와 자식 간의 조망권은 얼마나 중요할까? 개인적으로 김양제 목사의 《문제아는 없고 문제 부모만 있습니다》에서 한 이야기가 마음속에 깊이 박혔다. 심리적 조망권이 무너져버린 한 가정의 이야기이다.

S 집사의 이야기

부부는 유학 후 서툰 한국말로 친구도 없이 놀림을 받는 아들의 마음은 안중에도 없었다. 오히려 아들을 지방에서 서울로 전학시키면서까지 외고 입시 학원으로 내몰았다. 순종적이던 아들은 부모가 시키는 대로 1년 365일을 20킬로가 넘는 책가방을 메고 학교와 학원에 다녔다. 열심히 공부했지만, 원하던 학교에 들어가지는 못했다. 오히려 열등감만 깊어졌다.

어느 날, S 집사님 부부는 "우리가 너에게 안 해준 것이 무엇이 있냐?"며 아들을 책망했다. 그러자 아들이 폭발했다.

어느 날 아들이 무거운 가방을 메고 지하철을 두 번씩 갈아타면서 학원에 다니는 것이 얼마나 힘든지 알아야 한다며 자기 가방을 저에게 메라고 했습니다. 허리가 아프고 다리가 저렸으나 아들의 울분이 무서워 가방을 내려놓으라 할 때까지 45분을 메고 있었습니다. 조금 후 아들은 "이 모든 일의 원인은 아빠에게 있다"라며 남편에게 가방을 메라고 했습니다. 차라리 집을 나가겠다던 남편은 "아들을 살리기 위해 한 번만 그렇게 해달라"는 저의 애원에 가방을 메고 아들 앞에 섰고, 아들은 "수업이 끝나자마자 매일 학원으로 달려가야만 했던 하루가 얼마나 힘들고 답답했는지 아느냐? 왜 이렇게 살게 했느냐?"며 통곡했습니다. 저희 부부는 가슴이 찢어질 듯 아파서 입을 다물 수밖에 없었습니다.[4]

부모라도 지켜야 할 선이 있다. 강정자 박사는 이렇게 말한다.

아무리 내가 가족의 삶을 고민하고 걱정해도 결국 인생을 사는 것은 각자
몫이다. 누구나 자신에게 주어진 과제를 스스로 해결하면서 하루하루를 보
낸다. 이런 태도를 갖기 위해서는 가족 간에도 '심리적 조망권'이 필요하다.
… (가족의) 마음을 바라볼 때도 마찬가지이다. 가족 마음의 구석이 잘 보이
지 않으면 위치를 바꿔야 한다. 마음이 더 잘 보이는 각도로 마음의 몸을 틀
어야 한다. 이렇게 하면 내가 하고 싶은 말과 행동 대신에 상대의 목소리와
몸짓에 공명할 수 있게 된다.5)

삶은 각자의 몫이다. 이 말은 자녀 역시 자기 선이 있다는 뜻이다.
그리고 부모는 이 선을 지켜 주어야 한다는 뜻이기도 하다. 부모와
자녀가 공명하려면 서로가 심리적 조망권을 지켜야 한다. 나무 의사
우종영 씨는《나는 나무처럼 살고 싶다》에서 이렇게 말한다.

구속하듯 구속하지 않는 것, 그것을 위해 서로 그리울 정도의 간격을 유지
하는 일은 사랑하는 사이일수록 꼭 필요하다. 너무 가까이 다가가서 상처 주
지 않는, 그러면서도 서로의 존재를 늘 느끼고 바라볼 수 있는 그 정도의 간
격을 유지하는 지혜가 필요한 것이다.6)

그리울 정도로 사무치는 관계라면 선은 더욱 명확해야 한다. 물론
부모가 자녀에게 명확하게 선을 긋기는 쉽지 않다. 더 많이 해주고

싶은 것, 더 좋은 것을 해주고 싶은 것이 부모의 마음이기 때문이다. 이해 못 할 일은 아니다. 그래도 한두 번 선을 넘어버리면 결국 자녀의 조망권은 무너지고 만다. 문제가 생겼다고 바로 나서서 해결해 주는 경우도 마찬가지이다. 오히려 부모는 기다릴 줄 알아야 한다. 자녀는 결국 자기의 눈으로 세상을 본 만큼 자라기 때문이다.

그런 의미에서 이 정도의 심리적 조망감이 있으면 딱 좋다. 강정자 박사는 부모에게 이런 정도의 책임만을 강조한다.

> 아이가 바라보는 곳을 함께 보면서 아이가 가야 할 길을 만드는 데 힘을 보태야 한다. 한 세대 먼저 인생을 살아본 선배로서 부모는 자신이 겪은 무의미한 시행착오를 자녀가 반복하지 않게끔 할 책임이 있다.[7]

그저 딱! 이 정도의 힘과 책임으로 돕는 것! 자녀의 뒤에서 자녀가 바라보는 세상을 가리지 않는 것! 이것이 바로 부모가 자녀의 심리적 조망권을 지키는 방법이다. 보이지 않는다 해도 부모는 반드시 자녀의 조망권을 지켜줘야 한다. 당연히 신앙의 영역도 마찬가지이다. 지킬 것을 지킬 때 서로가 건강해진다. 자녀를 교육할 때, 부모는 심리적 조망권이 서로가 윈윈하는 건강한 법칙임을 꼭 기억해야 한다.

신뢰 잔고를 쌓으라

부모는 자녀와의 관계에서 심리적 선을 지켜야 한다. 그 선을 지키면서 신뢰 잔고를 쌓으려고 노력해야 한다.

통장 잔고가 부족하면 불안하다. 그리고 불편하기도 하다. 먹고 싶은 것이 있어도 메뉴 앞에서 두어 번 고민하게 된다. 저렴한 것과 내가 먹고 싶은 것 사이에서. 그러다 보면 자연스레 잔고와 자존감은 하나가 된다. 잔고의 '많고 적음'이 자존감의 '있고 없음'으로 직결된다.

연예인 이지혜 씨도 마찬가지였다. 10월 20일 이지혜 씨가 자신의 유튜브 채널에서 이런 이야기를 했다.

> 내가 자존감이 높지 않다는 걸 깨달았다. 일이 많고, 바쁘고, 돈이 많이 벌 땐 되게 막 내가 잘 난 것 같고 자존감이 너무 높다. 근데 약간 일이 없고 통장 잔고가 비면 약간 내가 내 스스로의 가치를 별로 깨닫지 못하는 것 같다."[8]

물론 이런 자존감이 건강한 자존감이라는 뜻은 아니다. 그러나 확실히 잔고가 넉넉하면 마음에 여유도 있고 주변이 아름답게 보이는 것이 사실이다. 그런 점에서 잔고가 중요하다. 통장 잔고도 중요하지만, 감정 잔고는 더 중요하다.

스티븐 코비(Stephen Covey)는 《성공하는 사람들의 7가지 습관》에서 '감정 잔고'의 중요성을 말한다. 남에게 공손하고 친절하면 신뢰가 쌓인다. 감정 잔고가 플러스 되는 것이다. 반대의 경우는 당연히 마이너스다. 심지어 적자도 생길 수 있다. 자존감에는 통장 잔고가 중요하듯 관계에서는 감정 잔고가 중요하다. 부모와 자녀 사이에도 감정 잔고가 적용된다. 코비는 말한다.

당신이 십대 아들을 키우고 일상적인 대화가 다음과 같다고 하자. "네 방을 깨끗이 해라. 셔츠의 단추를 잘 잠가라. 라디오 소리를 줄여라. 이발해라. 쓰레기 버리는 것을 잊지 마라." 이러한 대화만이 오갈 경우 인출은 이미 비축 잔고를 훨씬 초과하여 적자 잔고가 되게 마련이다.

자 이제 그 아들이 자기 인생에 영향을 미칠 중대한 결정을 해야 한다는 가정을 해보자. 그때 아들은 당신에 대한 신뢰의 수준이 너무나 낮다. 의사소통의 통로도 거의 막혀 있다. 기계적이고 마음에 안 드는 대화만 있었기에 당신에게 조언을 구하지 않을 것이다. 부모인 당신은 그를 도울 지혜와 지식을 가지고 있을지 모른다. 그러나 당신의 감정은행 계좌에 잔고가 없기 때문에 자녀는 당신에게 의지하지 않는다.[9]

감정 잔고는 곧 신뢰 잔고이다. 앞서 스티븐 코비가 하는 말은 감정의 잔고가 높아지면 신뢰가 올라간다는 것이다. 2022년 9월 28일 더불어민주당 대표가 취임 후 첫 연설을 했다. 이때 이해찬 전 대표가 이런 말을 했다.

결국 이건 신뢰의 문제가 아니겠느냐? 누가 어떤 책에서 '신뢰 잔고'라고 표현했는데, 믿음이라고 하는 건 오늘 턱 주어진 게 아니고 예금하듯이 차곡차곡 쌓는 것이다. … 신뢰 잔고를 쌓는 방법은 한방으로 되지 않는다.

마지막 말이 많은 여운으로 남는다. 신뢰 잔고를 쌓는 방법은 한방으로 되지 않는다. 그러면 부모가 어떻게 해야 차곡차곡 신뢰의 잔고를 쌓을 수 있을까? 일단 부모는 자녀의 말을 들어주어야 한다. 《부모혁명》에서 강정자 박사는 말한다.

하고 싶은 말보다는 아이가 이야기하고 싶은 것을 질문하고 온몸과 마음으로 들어주는 부모가 되어야 한다. 자녀의 목소리와 생각에 늘 주의를 기울이는 게 쉽지 않다. 하지만 자녀의 말에 경청하면 부모와 자녀 간에 신뢰가 쌓인다. 이 신뢰 잔고는 부모가 실수할 때 적금통장 역할을 한다. 부모가 부족한 모습을 보여도 자녀는 부모를 마음에 품어준다. 강하다고 하는 것은 딱딱한 게 아니라 유연한 것이다.[10]

신뢰의 잔고가 쌓이면 이자가 생긴다. 자립심이다. 많은 부모가 아이를 자립심 강한 아이로 키우고 싶어 한다. 이 첫 번째 출발점이 바로 '신뢰를 쌓는 것'이다. 아이들은 부모가 자신을 신뢰한다고 생각하는 순간 거침없어진다. 도전하고 성장한다. 넘어져도 다시 일어난다. 부모의 신뢰는 자녀 성공의 밑거름이기 때문이다. 6월 17일 한국일보에는 이런 기사가 났다.

강한 자립심은 성공한 사람들의 공통된 특징으로 꼽힌다. 자립심은 부모의 신뢰를 바탕으로 한다. 미국에서 성공한 자녀들의 대표적 케이스로 워치스키 가족이 꼽힌다. 스탠포드 물리학과장이었던 스탠리 워치스키 박사와 교육가인 에스더 부부의 세 딸은 모두가 쟁쟁하다. 맏딸인 수잔은 유튜브 CEO, 둘째 재닛은 UC 샌프란시스코 교수, 셋째 앤은 바이오텍 회사 공동창업자이자 CEO이다. 남성 중심의 극도로 경쟁적인 분야에서 딸들이 하나 같이 성공한 비결로 에스더는 자립심과 책임감을 꼽는다. … 아이들은 자유롭게 자랐고, 자유로운 환경은 아이들의 자신감을 키워주었다. 엄마가 자신들을 신뢰한다는 사실을 딸들이 느낀 덕분이라고 그는 말한다.[11]

부모는 반드시 신뢰 잔고를 쌓아야 한다. 스티븐 코비는 부모가 신뢰의 잔고를 쌓으면 중요한 순간에 자녀가 부모를 의지하게 된다고 한다. 강정자는 신뢰의 잔고를 쌓으면 적금으로 '부모의 실수 용납권'을 얻게 된다고 한다. 거기에 신뢰의 잔고가 쌓이면 이자로 '자립심'이 생긴다. 이 얼마나 굉장한 일인가? 그러니 오늘 당장 당신의 신뢰 잔고부터 확인해야 한다.

당신의 신뢰 잔고는 얼마인가? 혹시라도 마이너스라면 플러스를 향하여 다시 쌓아야 한다. 플러스라도 더 높은 잔고를 향하여 쌓아야 한다. 오늘 부모인 당신이 가장 먼저 해야 할 일은 은행 통장의 잔고를 확인하는 일이 아니다. 자녀와의 관계에 신뢰 잔고가 얼마나 남았는지 확인하는 일! 그것이 먼저이다. 잔고를 쌓고, 그 잔고를 지켜라!

자녀는 아빠의 크기만큼 신앙이 자란다

이런 말을 들어본 적이 있는가?

아버지의 크기가 곧 하나님의 크기이다!

어떤 이들은 반문할지도 모르겠다. '아버지의 크기와 하나님의 크기가 무슨 상관이지?', '왜 그렇게 연결되는 거지?' J. B. 필립스(J. B. Phillips)가 이 부분을 잘 설명했다. 그는 2004년에 《네 하나님은 너무 작다》를 저술했다. 1년 뒤에 한국어로 출간이 되었으니 꽤 오래된 책이다. 그런데도 이 책의 내용은 여전히 유효하다. 아니, 시간이 지날수록 우리에게 더 필요한 내용이다. 이 책은 우리의 문제가 매일의 삶 속에서 '크신' 하나님을 발견하지 못한다는 데 있음을 지적한다.

오늘날 우리의 문제는 우리가 현대 사회의 여러 문제들을 해결할 수 있는 '크신 하나님'을 발견하지 못했기 때문이다. 사람들마다 정도의 차이는 있겠지만, 우리는 모두 하나님에 대하여 제한된 개념을 가지고 있기 때문에 신앙생활과 현실 생활에서 고통을 당한다. … 다시 말해서 그들이 인생의 본질을 설명해 줄 만큼 '크신' 하나님, 새로운 과학 시대에 어울릴 만큼 '크신' 하나님, 그들에게 감탄과 존경과 자발적인 헌신을 받기에 손색이 없는 '크신' 하나님을 발견하지 못했기 때문이다.12)

우리는 신앙생활에서 크신 하나님을 발견해야 한다. 크신 하나님을 발견하지 못하면 삶 속에서 하나님을 작게 만들게 된다. 이런 식으로 말이다.

나의 소원을 들어주지 않는 하나님!

나의 차를 바꾸어 주지 않는 하나님!

좋은 대학을 보내주지 않는 하나님!

풍성한 내 삶을 방해하는 하나님!

필립스는 단호하게 말한다. "그것은 당신의 착각이다!" 다만 여기에서 내가 관심 있는 것은 우리가 왜 이런 착각을 하게 되었느냐는 것이다. 왜 우리는 크신 하나님을 작게 만들까? 저자는 이렇게 설명한다. "많은 심리학자의 주장에 따르면, 사람이 어릴 때 부모에 대하여 어떤 태도를 보이느냐에 따라 그의 평생의 성향(性向)이 결정된다고 한다" 저자의 설명을 조금 더 자세하게 들어보자.

> 우리가 흔히 본능적으로 가지고 있는 하나님의 개념은 어렸을 때 아버지에 대하여 가지고 있던 개념에 뿌리를 박고 있다. 운 좋게도 좋은 아버지 밑에서 성장한 사람은, 어린 시절 이후의 성장 과정이 그의 하나님의 개념을 특별히 왜곡시키지 않는다면, 하나님을 아주 좋은 분으로 인식할 것이다. 그러나 만일 어떤 사람이 어린 시절에 아버지를 두려워하면서 자랐다면(아니, 더 나쁘게는 아버지를 두려워한다는 것 때문에 죄의식을 느끼면서 살았다면), 그는 하늘에 계신 아버지를 '무서운 분'으로 인식할 것이다.13)

아버지 상(像)이 하나님 상(像)에 투영된다. 《물음에 답하다》라는 책을 저술한 조재욱 목사는 이런 사례를 소개했다.

> 최근 모임에 합류한 부부가 있습니다. 목회자 딸인데, 한 번도 교회에서 예수님을 믿은 적이 없었다고 합니다. 늦둥이로 태어나 나이 많은 목사 아버지 밑에서 자랐습니다. 시대적 한계로 아버지가 억압적·가부장적·폭력적이었기

에, 하나님에 대한 인식도 억압적·가부장적·폭력적이었습니다.[14]

이 사례에서 보듯이 하나님에 대한 왜곡된 생각을 가지고 있는 사람들의 대부분은 어린 시절에 아버지에게 좋지 않은 영향을 받은 사람들이다. 실제로 아버지의 영향력이 이렇게 강력할까? SFC에서 《코로나 시대 청소년 신앙 리포트》라는 책을 출간했다. 앞에서도 언급했지만, 청소년들이 인식하는 신앙교육에 가장 큰 영향력을 미치는 사람으로 1순위는 '학부모'가 38.7%로 가장 많았다.[15]

물론 여기에서 학부모 중에 누구의 비중이 더 높은지는 분석하지 않았다. 둘 다 중요하다. 정말이다. 어느 한 분만으로는 되지 않는다. 그러나 나는 아버지의 역할이 조금 더 중요하다고 강조하고 싶다.

이 시대는 갈수록 아버지의 자리가 작아진다. 오죽했으면 아이가 성공하는 3대 요인 중 하나가 '아버지의 무관심'이라는 공식이 나왔을까. 오히려 반대로 되어야 하지 않을까? '아버지의 관심'으로 말이다. 내가 본 많은 경우가 그렇다. 아버지가 교육에 무관심하면 아이들이 제멋대로이다. 가정에서부터 무서울 게 없는 까닭에 교회에 와서도 제멋대로인 경우가 많다.

아버지가 가정에서 남편으로서 아내에게 무시당하는 경우? 이것은 무관심보다 더 심각하다. 이런 아이들은 교역자의 말도 제대로 듣지 않는다. 정말이다. 한 아이가 나에게 말했다. "우리 아빠 말도 안 듣는데, 내가 목사님 말을 왜 들어야 해요?"

많은 부모가 학기 초가 되면 나를 찾아온다. 그리고 말한다. "우리 아이 신앙 좀 잘 지켜 주세요. 어릴 때는 안 그랬는데, 갈수록 신앙이 약해지는 것 같아요" 그럴 때마다 나는 이런 말을 하고 싶다. "부모님의 영향이 가장 큽니다. 부모님의 신앙을 자녀가 그대로 배웁니다. 그리고 특히 아버지의 크기가 하나님의 크기를 결정합니다. 가정에서 아버지의 권위(권위주의가 아니다)를 바로 세워 주십시오"

지금도 나는 그렇게 말하고 싶다. 논설가인 고재학 씨의 말이 머릿속에 남는다. 그의 말을 마지막으로 하고 싶다.

> 아버지는 정치와 전쟁 등 외부 세상과 대면하는 일을 하고, 어머니는 자식을 먹여 키웠다. 산업혁명과 근대화를 거치면서 굳건히 살아남은 듯했던 남성 중심의 가부장적 질서는 이제 종언을 고했다. 그렇다고 아버지의 역할, 아내와 자녀들의 아버지에 대한 기대까지 사라진 것은 아니다!16)

가정에서 아버지의 크기를 작게 만들면 안 된다, 절대로 …. 특히 아버지의 권위가 점점 실추되는 이때, 아버지의 영향력에 대해 다시 한번 강조하고 싶다. 아이가 하나님에 대해 건강하게 인식하기를 원한다면 가정에서 아버지의 크기를 키워라. 아버지의 크기가 곧 하나님의 크기이다. 그러니 오늘부터! 아버지의 크기를 더 크게 키워라!

2. 감성의 법칙

공감능력

부모가 갖추어야 할 감성의 법칙은 세 가지다. 공감능력, 회복탄력성, 스토리텔링이다.

첫 번째는 공감능력이다. 처음으로 사역을 시작했을 때, 담임 목사님께서 이런 말씀을 하셨다. "김 전도사! 목회자는 눈물 젖은 빵을 먹어봐야 해. 그래야 성도의 마음을 이해할 수 있어"

선거철이 되면 많은 정치인이 시장으로 달려간다. 그들은 어묵과 떡볶이를 먹으며 사진을 찍는다. 앞서 언급한 세스코 상담 직원들 역시 고객들에게 자기 경험을 먼저 밝힌다.

결국 공감은 '아는 것'이다. 목회자에게 공감은 눈물 젖은 빵 맛을 아는 것이다. 정치인에게 공감은 어려운 시장 상인의 떡볶이와 어묵 맛을 아는 것이다. 기업인에게 공감은 답답한 고객의 마음을 아는 것이다.

세상이 어려워질수록 공감하는 능력이 필요하다. 매뉴얼만으로는 안 된다. 예상치 못한 돌발 상황이 생기기 때문이다. 오랫동안 공직 생활을 한 박미자 선생님은 사회에서도 공감능력이 얼마나 중요한

지를 이렇게 설명한다.

공감능력이 있는 사람은 고객과 하급자가 원하는 것을 간파하고 충족시키는 능력이 탁월하다. … 공감능력이 있는 사람들은 상대방의 말을 귀담아듣고, 상대방이 진정으로 관심 갖는 것을 찾아내고, 상대방의 의도에 정확하게 반응한다. … 글로벌 경제가 성장하는 과정에서 다양한 동료들과 원만하게 지내고 다른 문화에서 온 사람들과 사업을 하는 데 있어서 가장 중요한 능력은 공감능력이다.[17]

사회에서만 공감능력이 가장 중요하겠는가? 아니다. 가정에서도 가장 중요하다. 공감능력은 부모가 갖추어야 할 첫 번째 감성이다. 이미 중요성은 앞에서도 많이 언급했으니 이번에는 조금은 다른 이야기를 하면 좋겠다.

많은 부모가 공감의 중요성은 알고 있다. 그러나 실전에서는 잘 안된다. "저는 말을 잘못해서요", "저는 숫기가 없어서요", "부끄러움이 많아서요", "공감은 타고나는 것 아닌가요?" 정혜신 의사는 《당신이 옳다》에서 단호하게 말한다. "아니다! 공감은 타고나는 것이 아니라 배우는 것이다" 정혜신 의사의 설명을 들어보자.

자세히 알아야 이해할 수 있고 이해할 수 있어야 공감할 수 있다. 척 보고 눈물을 주르륵 흘리는 것이 공감의 본질이 아니다. 그런 것은 무릎 반사 같은 감각적 반응일 수도 있고 감정적 호들갑일 때도 있다.

감정적 반응 그 자체가 공감이 아니다. 한 존재가 또 다른 존재가 처한 상황과 상처에 대해 알고 이해하는 과정을 거치면서 그 존재 자체에 대해 갖게 되는 통합적 정서와 사려 깊은 이해의 어울림이 공감이다. 그러므로 공감은 타고나는 것이 아니다. 학습이 필요한 일이다.

공감을 정서적 공감과 인지적 공감으로 나눈다면, 그 비율이 2:8 정도로, 공감이란 것은 인지적 노력이 필수적인 일이라고 나는 생각한다.[18]

공감능력은 인지적 노력을 통하여 얻을 수 있다. 이것을 브래디 마카코(Brady Mikako) 식으로 표현해 보자면 이렇다. "공감은 타인의 신발을 신어 보는 것이다" 마카코는《타인의 신발을 신어 보다》에서 이렇게 말한다.

이는 누군가에게 나를 투사하여 이해하는 것이 아니라 타인을 있는 그대로 알고자 하는 것이다. 타인이 나와는 다른 존재로서 내가 받아들일 수 없는 성질을 갖고 있더라도 그 존재를 인정하고 상상해 보는 일이다.[19]

마카코의 이야기를 들으니 아빠의 안전화가 생각났다.

언젠가 건설 현장에서 일하시던 아빠의 안전화를 신어본 적이 있다. 아빠의 안전화는 색이 다 벗겨졌고 많이 닳아있었다. 그런데도 안전화는 강철로 된 앞코와 밑판 덕분에 무겁기만 했다. 묻어있는 흙이 무게를 더 무겁게 만들었다. 순간 눈물이 났다. 가족을 위해 손과 발이 그렇게 닳아가는 것 같아서,

가족의 삶이 아빠의 어깨를 무겁게 누르는 것 같아서 눈물이 났다. 실제로 너무 열심히 살았던 아빠는 뼈에 있는 연골들이 다 닳았다. 내색하지는 않지만, 순간순간 찌푸리는 얼굴을 볼 때면 가슴이 아프다.

매 순간 아빠를 다 이해하지는 못했다. 답답할 때도 있었다. 그러나 아빠의 안전화를 신었을 때, 아빠의 삶이 공감되었다. 아빠라는 삶의 무게를 조금이나마 느낄 수 있었다.

당신은 공감하는 부모인가? 부모로서 당신은 자녀의 신발을 신어본 적이 있는가? 공감의 능력을 키우기 위해서 노력하고 있는가? 부디 부모의 첫 번째 감성 조건이 '공감능력'임을 잊지 않았으면 한다.

자녀와 완전히 똑같은 감정을 느끼지 않아도 괜찮다. 실수해도 괜찮다. 어색해도 괜찮다. 그저 노력하고 있음을, 그렇게 공감이 커가고 있음을 자녀에게 보여주면 된다. 나는 그것이 부모의 감성 능력 중 첫 번째라고 말하고 싶다. 진심은 언제나, 어디서나 통하기 때문이다. 반드시.

회복탄력성

부모가 자녀와 좋은 관계를 유지하려면 부모가 회복탄력성을 가지고 있어야 한다. 부모도 살다 보면 몸도 마음도 아플 때가 있다. 몸이 아프면 약국이나 병원에 가면 된다. 그러나 마음이 아프면? 약국? 병원? 대답이 참 쉽지 않다.

마음이 아프니까 오늘은 쉴게요.

2021년 무등일보 오피니언 파트의 헤드라인이다. 상황이 더 심각해졌다. 코로나19가 장기화되면서 우울감을 느끼는 '코로나 블루' 현상이 확산하고 있다. 특히 20~30대 젊은 층의 경우 정상적인 삶을 위협하고 있는 수준에 이르고 있다.

최근 보건복지부가 <2021년 코로나19 국민 정신건강 실태조사 분기별 결과 발표>를 했다. 보건복지부는 2020년 분기별(3, 6, 9, 12월)로 전국 19~71세 성인 2,063명을 대상으로 코로나로 인한 정신건강을 조사했다. 조사 결과를 간추려 보면 다음과 같다.[20]

* 2021년 분기별 조사 결과, 12월 조사에서 우울 위험군 비율(3월 22.8%→ 12월 18.9%), 자살 생각 비율(3월 16.3% → 12월 13.6%) 등이 3월 조사 결과에 비해 감소하여, 2021년 초 대비 정신건강 수준이 다소 개선된 것으로 나타났다.
* 그러나, 코로나19 발생 초기와 비교할 때 주요 정신건강 지표인 자살 생각 비율이 40% 증가(2020.3월 9.7% → 2021.12월 13.6%)하여 여전히 높은 수준이며, 5명 중 1명이 우울 위험으로 나타나는 등 정신건강 수준이 개선되지 않고 있다.

이들 중 상당수가 부모이다. 부모도 사람이고, 사람이기에 아프다. 마음이 아플 수도 있고, 몸이 아플 수도 있다. 데이먼 자하리아데스(Damon Zahariades)는 부모의 삶을 이렇게 말한다.

> 자녀를 기르다 보면 불확실성과 두려움을 느끼기 마련이다. 갖가지 부정적인 감정과 공황 속에 심지어 예상치 못한 트라우마를 겪을 수 있다. 아이가 다치거나 심각한 질병에 걸리는 경우에도 침착하게 대처해야만 한다. 미래의 보상을 위해 눈앞의 행복을 희생해야 할 때도 많다. 건강하고, 당당하고, 능력을 갖추고, 자립적인 자녀를 길러내려면 스트레스, 두려움, 죄책감을 겪는 풍화기를 거쳐야 한다.[21]

부모는 그런 자리이다. 아프지만 피해 갈 수가 없다. 그래서 더 지치는 자리. 그런 부모에게 두 번째로 필요한 감성, 특히 본인을 위해서 꼭 필요한 감성은 바로 '회복탄력성'이다. 회복탄력성은 회복하는 능력이다. 국어사전에는 회복탄력성을 이렇게 정의한다. '실패나 부정적인 상황을 극복하고 원래의 안정된 심리적 상태를 되찾는 성질이나 능력'. 요즘 심리학에서는 RQ라고 한다.

RQ : 회복탄력성지수(Resilience Quotient)

2009년 2월 14일에 SBS는 <그것이 알고 싶다 – 절망을 이겨낸 사람들의 7가지 비밀>을 방영했다.[22] 여기에는 교통사고로 전신마비 장애인이 된 서울대학교 이상묵 교수, 비보이 계 최초의 스트리트 댄서였지만 역시 교통사고로 하반신 장애인이 된 우정훈 씨, 100억대의 가게를 날리고 국숫집을 하는 사장님 등이 소개되었다. 왜 이들은 절망하지 않았을까? <그것이 알고 싶다>에서는 이렇게 설명한다.

일반인 309명을 조사한 결과 충동 통제 능력을 제외한 6가지 항목 모두 미국인의 회복탄력성에 훨씬 못 미치는 것으로 나타났다. 반면, 장애, 사업 실패, 가족 불화 등을 딛고 일어난 6명의 사례자를 조사한 RQ 총점은 일반인보다 2배 이상 높게 나타났다. 자기효능감은 3배, 적극적 도전성은 6배 가까이 높게 나타났다.[23]

연세대학교 언론홍보영상학부 김주한 교수는 《회복탄력성》에서 회복탄력성이 높은 사람의 뇌와 낮은 사람의 뇌를 비교하는 실험을 했다. 결과는 이렇다.

뇌파 실험과 행동 반응의 결과를 종합해 보면 … 회복탄력성이 높은 사람들은 실수를 두려워하지 않으면서도 자신의 실수에 대해서는 스스로 민감하게 알아차리는 뇌를 지닌 사람들이다. 설령 실수를 범한다 해도 실수로부터 피드백을 적극적으로 받아들이는 습관이 들어있는 뇌를 지닌 사람들이다(긍정적인 뇌).

반면 회복탄력성이 낮은 사람들은 실수를 지나치게 두려워한다. 이런 사람들은 실수는 덜하지만 정작 실수했을 경우에 그들의 뇌는 민감하게 반응하지 않는다. 실수를 적극적으로 모니터링하고 받아들이려 하기보다는 억누르고

무시하려는 무의식이 작동한다고 해석할 수 있다.[24]

부모는 무엇보다 회복탄력성이 좋아야 한다. 부모가 회복탄력성을 가지려면 일단 이것을 기억하면 된다.

잠시, 멈추고, 생각하라!

모든 문제는 바쁨에서 비롯된다. 우리는 너무 바쁘다. 초등학생인 나의 조카도 바쁘다고 한다. 주위의 사람들만 보더라도 바쁘다는 말을 입에 달고 산다. 바빠서 못했고, 바빠서 잊었단다. 기도도, 성경도, 예배도 바빠서 못했다. 바빠서.

존 마크 코머(John Mark Comer)의 《슬로우 영성》을 참 재미있게 읽었다. 거기에 이런 말이 나온다.

사탄은 쇠스랑을 들고, 악마나 불을 든 모습으로 나타나지 않는다. 사탄은 우리가 생각하는 것보다 훨씬 더 영악하다. 오늘 사탄은 성경책을 펴고도 휴대폰을 힐끗거리거나, 매일 밤 지친 몸을 소파에 누이고 밀린 넷플릭스 드라마를 따라잡거나, 인스타그램에 중독되거나, 주말에도 회사에 출근하거나, 축구 중계를 빠짐없이 챙겨보느라 바쁜 삶의 형태로 나타난다. 코리 텐 붐은 사탄이 우리가 죄를 짓게 만들 수 없을 때는 바쁘게 만든다는 말을 했다. 꽤 일리가 있는 말이다. 죄와 바쁨은 완전히 똑같은 결과를 낳으니까 말이다. 둘 다 우리를 하나님, 다른 사람들, 심지어 우리 자신의 영혼과도 단절되게 만든다.[25]

사탄은 우리를 바쁘게 만들어서 잠시도 생각할 틈을 주지 않는다. 바쁘면 나를 돌아볼 수 없다. 내 마음을 볼 수 없다. 사회학자 정상근 씨는 말한다.

요즘처럼 속도를 중시하는 세상에서는 바쁜 일상에 치여 자신의 환경을 돌아보기가 어렵다. 내가 어떤 세상에 살고 있고, 어떻게 살아야 하는지 깊게 생각할 여유와 시간을 잃기 십상이다. 그러다 보니 오랜 고민을 통해 자신만의 삶을 찾기보다는 많은 사람들이 선택하고 남들이 좋다고 하는 것을 따라 하게 된다. 그게 자신에게 실제로 얼마나 의미 있고 좋은 것인지 성찰하지 않는다. 그러다 어느 순간 우리는 내면이 텅 비어버린 자신을 발견하게 된다.26)

바쁘면 어느 순간 텅텅 비어버린 나를 발견하게 된다. 바쁘게 달렸는데, 정작 무엇 때문에 달렸는지를 모르는 것이다. 악순환만 반복된다. 그러니 문제가 생기면 일단 거기서 잠시, 멈추고, 생각해야 한다. 그럴 때 나를 지키는 힘이 작동할 시간을 벌 수 있다. 감정 통제력도 작동하고, 원인분석력도 작동하는 것이다. 그러니 일단은 그 바쁨을 정지시켜야 한다. 무엇보다 우리는 신앙인이니 이 멈춤의 시간에 하나님께 물어야 한다.

"하나님 왜 제 마음이 무너졌을까요?"

"하나님 어떻게 하면 저의 마음을 지킬 수 있을까요?"

"하나님 방법을 가르쳐주세요"

이것이 내가 추천하는 방법이다. 부모는 하루에도 수십 번씩 마음이 무너지는 일들이 생길 수 있다. 부모이기 때문이다. 그럴 때마다 마음이 무너질 수는 없다. 잠깐 쉴 수 있다. 헤드라인의 기사처럼 오늘은 쉬어도 된다. 그러나 그것은 미봉책(彌縫策)이다. 결국은 회복탄력성을 키울 수밖에 없다.

예상할 수 없는 삶! 실수가 발생 될 수 있는 삶! 부모로서의 삶! 여기에 대한 공통적인 대답은 '회복탄력성'이다. 회복탄력성을 키워라! 훈련하면 더 강해진다고 하니 이거 정말 희소식 아닌가!

스토리텔링

마지막으로 부모가 가져야 할 감성의 법칙은 스토리텔링이다. 세상은 지금 스펙 열풍이다. 학생들도 스펙을 한 줄 더 만들려고 기를 쓴다. 부모 역시 자녀의 스펙에 목숨을 건다.

한때 강남의 엄마들이 자녀에게 최고의 스펙을 만들어 주기 위해서 유행했던 질문이 있다. "자녀를 명문 대학에 보내기 위한 3대 요소는?" 정답은 '할아버지의 재력', '아빠의 무관심', '엄마의 정보력'이다. 특히 엄마의 정보력이 중요하다.

오랜 시간 대치동에서 학원장을 했던 조장훈 씨는 《대치동 –학벌주의와 부동산 신화가 만나는 곳》에서 엄마의 정보력에 관한 이야기를 한다.

아침 일찍 남편의 출근과 아이의 등교로 정신없는 시간을 보낸다. … 서둘러 단장을 하고 11시쯤 인근의 브런치 카페나 프랜차이즈 카페로 나가 이웃 엄마들을 만난다, … '카페맘' 문화는 일상의 일을 카페에 모여 나누는 자연스러운 교류에서 출발했지만 … 은밀하고 사적인 네트워크를 기반으로 비밀 유지를 요구하는 정보방의 성격을 띠게 되었다. … 최근의 부동산 시세와 전망, 인근의 재개발 아파트나 신도시 투자처…, 여러 학원의 팸플릿을 펼쳐 놓고 강사진이나 학원 분위기 등에 관한 정보나 의견을 주고받는다. 주위 사람들에게 자신들만 아는 고급 정보가 누설될까 두려워 목소리를 낮춘다. 이런 카페맘들 사이에서 정보를 주도하고 이끄는 사람을 학원가에서는 '돼지 엄마'라고 불렀다.[27]

갈수록 사교육비가 올라가고 있다. 통계청의 '2021 초중고 사교육비 조사'[28] 결과를 보자.

2021년 사교육비 총액은 약 23조 4천억 원으로 전년도 약 19조 4천억 원보다 4조 1천억 원(21.0%) 증가했다. 전체 학생의 1인당 월평균 사교육비는 36만 7천 원, 참여 학생은 48만 5천 원으로 전년 대비 각각 21.5%, 8.0% 증가했다. 모든 부분에서 다 증가했다.

많은 부모가 생각한다. "더 많은 교육이 더 좋은 학생을 만든다", "그러니 부모의 허리띠를 졸라매서라도 우리 아이에게 최고의 교육을 시켜야만 한다!", "최고의 스펙을 만들어 주자!"

좋은 것을 주고 싶어 하는 부모의 그 마음을 모르지 않는다. 그러나 정말 그럴까? 최고의 교육이 최상의 자녀를 키워내고, 그것이 자녀를 더 행복하게 할까? 그렇다면 우리나라 학생들의 행복도는

2021년 초중고 사교육비 조사결과

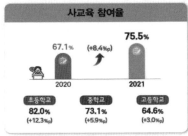

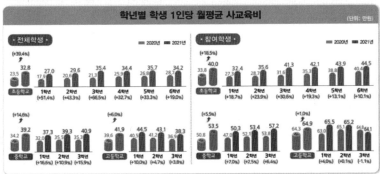

* 자료: 통계청, 교육부
* ( ) 수치는 전년 대비 증감률·증감

OECD 국가 중 1등이어야 한다. 하지만 안타깝게도 우리 학생들의 행복도는 OECD 국가 중 (거의) 최하위이다. 이점에 대해 김양재 목사는 단호하게 말한다.

자녀에게 세상적 지혜와 지식을 가르치는 것이 능사가 아니다. 최고의 자녀 교육은 하나님과 동행하는 것이다. 가인의 6대손은 라멕이고, 셋의 6대손은 에녹이다. 라멕과 에녹이 똑같이 6대손인데 이들의 인생 행로는 너무나 판이하게 다르다. 하나님 없이 산 가인의 후손 라멕은 칼의 노래를 부르고 있고(창 4:23~24), 셋의 후손 에녹은 하나님과 동행하는 삶을 살다가 죽음을 보지 않고 하나님이 데려가셨다고 성경은 증거하고 있다(히 11:5).

그래서 목사님이 생각하는 최고의 자녀 교육을 짧은 문장으로 말하면 다음과 같다.

하나님의 관점이 내 관점이 되고, 주님의 보폭이 나의 보폭이 되기 위해서는 시간이 오래 걸린다. 그 시간 속에서 부모가 하나님과 동행하는 모습을 보여주는 것이 최고의 자녀 교육이다.[29]

동행하는 모습. 이것을 간단하게 줄이면 '스토리'이다. 부모는 자녀들에게 신앙의 스토리를 들려주고 보여주어야 한다. 물론 그런 스토리를 만드는 것은 쉽지 않다. 더불어 모든 아이가 사교육을 받고 있는데, 우리 아이만 시키지 않을 수는 없다. 뭔가 뒤처지는 기분이

든다. 나 역시 일정부분 사교육이 필요함에 동의한다. 배울 기회가 있으면 배우는 것이 좋다.

다만 진짜 좋은 교육은, 최고의 자녀 교육은 사교육으로 얻을 수 있는 것이 아님을 말하고 싶다. 사교육으로 스펙만 채우는 것은 결코 좋은 교육이 아니다. 김정태는 자신의 저서 《스토리가 스펙을 이긴다》에서 이렇게 말한다.

스펙은 다른 사람과 비교하게 만들지만, 스토리는 나를 점검하게 한다. 마찬가지로 스펙이 나를 우월하게 만들어 줄지는 모르지만, 스토리는 나를 돋보이게 한다. 스펙은 쉽게 잊히지만, 스토리는 기억된다. 스펙은 이력을 관리하지만, 스토리는 역량을 관리한다. 스펙은 상대를 배제하지만, 스토리는 상대를 포섭한다. 스펙에게 실패는 감추고만 싶은 기억이지만, 스토리에게 실패는 자랑하고픈 경험이다. 스토리는 기회를 부르고, 마침내 스펙을 이긴다.[30]

그런 점에서 보면 스토리는 태도이다. 아직 완성되지 않은, 그렇지만 갈수록 좋은 방향으로 발전해 가는 한 사람의 태도에 관한 이야기이다. 반면 스펙은 과거의 기록이다. 한 줄 채우고 나면 금방 끝나버리는 한 사람의 이력에 관한 이야기이다. 그래서 스펙이 죽어갈 때 스토리는 점점 더 풍성해진다. 《퇴근길, 다시 태도를 생각하다》의 저자 유인경씨는 이렇게 말한다. "직장생활, 스펙보다 중요한 건 태도이다"[31] 스펙보다 중요한 것은 태도이고, 이 태도는 곧 스토리를 통해 만들어진다.

교역자 생활을 해보니 확실히 스펙이 아니라 스토리임을 깨닫는다. 교육 목사 시절, 다른 사역자들의 이력서를 받을 기회가 있었다. 이력서는 보통 2가지의 형태로 나뉜다. 하나는 스펙, 다른 하나는 스토리이다. 물론 이도 저도 아닌 것도 있다. 최종적으로 몇 장을 담임 목사님께 드렸다.

유독 두 분이 기억에 남는다. 한 분은 미국에 유학을 다녀온 분으로, 논문을 이력서에 첨부했다. 영어로 된 논문이었다. 스펙은 화려했으나 사역의 스토리는 없었다. 다른 한 분은 스펙이 별로였다. 너무 평범했다. 하지만 어느 교회에서 어떻게 사역했고, 어떻게 성장을 했는지 자신의 사역 스토리를 적었다.

누가 담임목사님의 마음을 움직였을까? 담임목사님은 누구에게 악수를 청했을까? 정답을 말하지 않아도 우리는 모두 같은 생각을 할 것이다. 스토리!

확실히 스펙은 지는 해이고 스토리는 뜨는 해이다. 실무에서 일을 해보면 안다. 스펙은 그 사람이 일을 잘한다는 것을 의미하지는 않는다. 그렇다고 어느 것 하나만을 선택하라는 말은 아니다. 더 중요한 것은 스토리라는 말이다. 둘의 자리가 바뀌면 안 된다.

신앙도 마찬가지 아니겠는가! 아빠가 장로이고 엄마가 권사인 스펙이 중요한 것이 아니다. 아빠가 하나님과 만났던 스토리, 엄마가 하나님께 응답받았던 스토리, 가족이 하나님과 동행했던 스토리, 그 스토리가 제일 중요하다. 하나님과의 동행 스토리가 최고의 교육임을 잊지 않았으면 좋겠다.

부모는 자녀에게 스펙을 만들어 주는 사람이 아니다. 스토리를 만들어 주는 사람이다. 부모는 그런 스토리 감성이 있어야 한다. 그런 점에서 오늘 우리 가족의 스토리를 하나 만들어 보는 것은 어떨까? 부모라면 반드시 기억해야 한다.

스펙이 아니라 스토리이다!

3. 경제의 법칙

부모가 먼저 존재형 인간이 되어라

부모는 자녀에게 소유형 인간이 아니라 존재형 인간의 중요성을 알려 주어야 한다. 사람은 욕망에 이끌려 살기 쉽기 때문이다.

개인적으로 사고 싶은 차가 있다. 내 책상에는 그 차의 모형이 올려져 있다. 차의 모형을 보면서 하루에도 몇 번씩 외친다. "꼭! 너를 갖고 말겠어" 문제는 그 차가 십자가 모형 옆에 있다는 것이다. 십자가와 고급 차! 심지어 두 모형은 색깔도 같다. 은색! 그럴 때마다 복잡 미묘한 생각이 든다.

그렇다고 지금 차가 없는 것도 아니다. 다만 이 차를 통해서 내가 그동안 열심히 살아온 것을 보상받고 싶어서 그런다. 그것이 나의 꿈이 되어 버렸다. 엄밀하게 말하면 필요 때문에 소유하는 것이 아니라 소유를 통해 욕망이 충족되기를 원하는 것이다. 에리히 프롬(Erich Fromm)에 따르면 정확하게 나는 '소유적 인간'이다.

에리히 프롬에게 인간은 불완전한 존재이다. 불완전하기에 불안을 느끼면서 산다. 이 불안을 어떻게 해결할 것인가? 한 부류는 소유를 자신과 동일시하며 불안감에서 달아나려 한다. 또 한 부류는 소유를 벗어나 존재적 실존을 추구하면서 산다. 전자는 소유적 인간, 후자는 존재적 인간이다. 프롬은 《소유냐 존재냐》에서 이렇게 묻는다.

> 만약 나의 소유가 곧 존재라면, 나의 소유를 잃을 경우 나는 어떤 존재인가? 패배하고 좌절한, 가엾은 인간에 불과하며 그릇된 생활 방식의 산 증거물에 불과할 것이다. 소유하고 있는 것이란 잃을 수 있는 것이므로, 나는 응당 내가 소유하고 있는 것을 언제나 잃을세라 줄곧 조바심을 내기 마련이다. … 더 많이 소유하고자 하는 욕구에 떠밀려서 방어적이 되며 가혹해지고 의심이 많아지고, 결국 외로워진다. … 반면 존재적 실존 양식에서는 가진 것을 잃을 수 있다는 불안과 걱정이 없다.[32]
>
> 기독교에서는 "복음(기쁜 소식)"이라는 명칭부터가 즐거움과 기쁨이 지닌 중심적 의미를 시사한다. 신약성서에 의하면, 기쁨은 소유를 포기하는 자에게 주어지는 상이요, 슬픔은 제물에 매달리는 자가 치러야 할 몫이다(마 13:44, 19:22 참조). 성경의 여러 대목에서 예수는 자신에게 기쁨이란 존재적 실존 양식에 부수되는 현상이었음을 밝힌다.[33]

소유가 존재가 되면 인간은 불행해진다. 우리는 존재적 인간이 될 때 행복을 누릴 수 있다. 물론 존재적 인간이 되는 것은 쉬운 일이 아니다. 우리는 대부분 많이 가져야 행복하다고 느끼기 때문이다. 특히 부모라면 사랑하는 아이에게 더 많은 것을 주고 싶어 한다. 그래서 더 많이 가지려고 애를 쓴다. 나는 이런 생각을 해본 적이 있다.

"도대체 얼마나 가져야 행복할까?"

"당신은 얼마나 가져야 행복할 수 있을까?"

나처럼 한 남자도 그것이 몹시 궁금했나 보다. 나름 성공한 사업가로, 현명한 아내와 사랑스러운 두 딸과 시간을 보내던 한 남자는 문득 자신의 공간이 물건으로 가득 차 있다는 것을 깨닫게 되었다. 그의 삶은 뒤죽박죽 엉망진창으로 쌓아놓은 물건들에 갇혔다. '소비'의 늪에서 허우적거리던 그는 변할 것을 결심한다. 그는 바로 데이브 브루노(Dave, Bruno)이다. 그의 시도는 '100개 만으로 살아보기'이다. 그는 이렇게 말한다.

소비주의가 지닌 모순은 소비자로서의 우리 삶에는 공급품이 채워질 수 없다는 데 있다. 어쩌다 보니 우리는 소비가 가당찮게 놀라운 무엇인가를 완벽한 무엇인가로 바꾸어 주리라고 믿는다. 나만 해도 내 삶의 너무 오랜 시간을 그런 줄 알고 살아왔다. 우리는 바로 그 브랜드의 옷을 입으면 노을이 더 아름답기라도 한 것처럼 여긴다. 바로 그 물건이 주변의 인간관계를 더 돈독하게 해줄 수 있을 것처럼 여긴다. … 우리가 쇼핑몰에서 발견하는 꿈 같은 삶은 우리의 믿음을 걸 수 있는 꿈, 즉 현실적인 희망이 아니다. 소비주의로 단장한 꿈같은 삶은 진실의 영역 밖에 있는 허망하고 미성숙한 충동이다.[34]

어른뿐만이 아니다. 아이들도 더 많이 가지려고 한다. 종종 마트에 간다. 자주는 아니지만, 장난감 판매대에서 떼쓰며 우는 아이들을 보게 된다. 부모님들은 몇 번 달래 본다. 그러나 공공장소에서 그렇게 크게 울기 시작하면 당황하지 않을 부모가 어디 있겠는가? 결국 백기를 든다. "알았어. 사줄게. 대신 이번 한 번 만이야!" 그러면 아이의 울음이 그친다.

그때 나는 아이에게서 승리의 웃음을 보았다. 아이는 이미 알게 되었다. 다음에 울면 또 자신이 원하는 것을 가질 수 있다는 것을. 당신도 이미 경험해 봐서 알고 있다. 그것은 '한 번'이 아니라 '시작'인 것을….

유대인 부모들은 단호하게 말한다고 한다. 고재학 씨가 저술한 《부모라면 유대인처럼》에 보면 유대인 부모는 사고 싶은 물건 앞에서 떼를 쓰는 자녀에게 이렇게 말한다. "이 물건을 가지고 싶은 네 마음은 이해하지만, 건강에 나쁘거나 꼭 필요하지 않은 물건을 사줄 수는 없다"[35]

유대인 부모들은 오늘 당장 사야 할 물건이 아니라면 사주지 않는다. 나중에 사도록 미루는 것, 이것이 바른 소비의 습관이라고 믿기 때문이다. 유대인 부모들은 자녀가 어릴 적부터 소유형 인간이 되지 않도록 계속해서 제동을 거는 것이다.

그런 점에서 유대인은 '경제 교육은 빠르면 빠를수록 좋다'고 생각한다. 이 책에 따르면 유대인 부모는 생후 8개월이 지나 걸음마 하기 전에 아이들에게 동전을 쥐여 준다고 한다. 아침, 저녁 식사 전에 저금통에 넣게 하는 방식으로 교육한다. 돈에 대한 개념이 생기기 시작하면 본격적으로 용돈을 준다. 쓰기 위한 목적이 아니라 저축하기 위한 용돈이다. 돈의 가치와 저축의 목적을 알려주기 위한 용돈이다.36) 이런 과정을 통해서 자연스럽게 유대인들은 돈과 친해진다. 돈 앞에서도 소유형 인간이 아니라 존재형 인간이 되는 것이다.

존재형 인간이 행복하다. 미국에서 3대 강의 중 하나는 탈 벤-샤하르(Tal Ben-Shahar) 교수의 〈행복이란 무엇인가〉이다. 샤하르 교수는 행복 6계명을 말한다. 그중에 3계명은 '행복은 사회적 지위나 통장 잔고가 아니라 마음먹기에 달려있다'37)이다. 샤하르 교수에게 행복은 궁극적인 가치이다. 즉, 소유가 아니라 존재를 통해서 느낄 수 있는 것이다.

성경도 존재형 인간이 건강함을 말한다. 부자는 가진 것 때문에 하늘나라에 들어가기 어렵기 때문이다. 우리 아이들이 행복하기를 바라는가? 그렇다면 부모가 먼저 확실히 해야 한다. 스스로가 '소유형'이면서 자녀를 '존재형'으로 키우기는 힘들다. 자녀에게 성경의 정신을 가르쳐 주어라. 소유가 아니라 존재에 행복이 있음을 가르쳐라. 거기에서 우리는 좀 더 행복해지는 법을 배울 수 있다. 소유가 아니라 존재이다.

경제를 망치는 부모의 말 습관

다음 사람들의 공통점은 무엇일까?

* 세계 최고의 과학자 아인슈타인(Albert Einstein)
* 마이크로소프트의 창업자 빌 게이츠(Bill Gates)
* 투자의 귀재라고 불리는 워런 버핏(Warren Buffett)

* 구글의 공동창업자 래리 페이지(Larry Page)

* 미디어 블룸버그의 창립자이자 정치인 마이클 블룸버그

  (Michel Rubens Bloomberg)

* 페이스북 CEO 마크 저커버그(Mark Elliot Zuckerberg)

* 애플의 스티브 잡스(Steve Jobs)

모두가 유대인이다. 이런 믿기지 않는 유대인들의 성공은 어디에서 비롯된 것일까? 많은 사람이 '유대인들은 머리가 좋아서'라고 생각한다. 그러나 고재학 씨는 말한다.

천만의 말씀이다. 유대민족의 지능지수(IQ)가 다른 민족보다 높다는 증거는 어디에도 없다. 핀란드 헬싱키 대학이 2002년 세계 185개 나라 국민들의 IQ를 조사한 결과, 이스라엘 국민들의 평균 IQ는 95(26위), 한국(106, 2위)이나 미국(98, 19위)보다 낮았다. 실리콘밸리의 유대인 국제 변호사 앤드류 서터도 유대인의 성공법칙을 담은 책《더 룰(The Rule)》에서 "유대인의 성공비결을 유전자나 생물학적인 특성이라고 간주하는 것은 환상에 불과하다"라고 지적했다.

그렇다면 비밀은 무엇일까? 우리가 다 아는 것처럼 '교육'이다. 유대인은 그것을 하브루타(Havruta) 교육법이라고 부른다. 이 교육의 핵심이 무엇일까? 하브루타 부모교육연구소 김금선 소장은 말한다. "하브루타 교육 방식에서 유난히 독특한 점은 어렸을 때부터 돈에

대해 가르치는 경제 교육을 강조한다는 점이다"[38] 실제로 탈무드에는 경제 교육과 관련된 격언이 많다.[39]

- 몸은 마음에 의지하고 마음은 지갑에 의지한다.
- 정보가 곧 돈이다. 정보의 안테나를 세워라.
- 위기가 기회다. 불황에서 돈 벌 확률은 평상시보다 10배는 높다.
- 교육비에 과감하게 투자하라.
- 돈으로 행복을 살 수는 없지만, 행복을 불러오는 데 큰 역할을 한다.
- 돈이 인생의 전부가 아니라고 말하는 사람에게는 죽을 때까지 돈이 쌓이지 않는다.

이제는 건물주가 꿈인 시대이다. '강동구 맘 카페'에 이런 글이 하나 올라왔다.

중 1 남자아이예요. 개구쟁이지만 나름 책임감도 강하고 ⋯ 경제 관념도 있는 아이입니다. 이번에 학교에서 꿈이 뭐냐는 질문에 아이는 '건물주'라고 써서 냈습니다. 그런데 선생님이 혼을 냈다고 해요. 아이는 왜 혼나야 하는지 억울하다고 합니다. 어른들의 시선에서 보면 아이의 꿈이라고 하기엔 좀 그렇지만 그렇다고 혼날 일은 아닌 거 같은데 ⋯.[40]

여수넷 통슈스에도 비슷한 기사가 실렸다.

초등학생들에게 장래 꿈을 물어보니 건물주가 되는 것이라는 답이 가장 많이 나왔다고 한다. 혹 50억을 줄테니 감옥에서 10년 살 수 있겠냐는 질문을 했더니 절반 이상이 그러겠다고 답했다고 한다.[41]

이런 시대에는 조기 경제 교육이 필요하다. 2021년 《트렌드 코리아》의 3번째 표제어는 '자본주의 키즈'이다. 이것을 해석한 영문이 참 의미심장하다. "WE ARE THE MONEY-FRIENDLY GENERATION"(우리는 돈에 친화적인 세대입니다.)

그런 세대에게 필요한 것이 무엇이겠는가? 무엇보다 경제 교육이다. 다만 모든 경제 교육을 다 다루는 것은 이 책의 범위를 벗어난 것이다. 여기에서는 하브루타 소장 김금선 씨의 '자녀의 경제 교육을 망치는 6가지 말 습관'에 관련된 부분만 이야기하고 싶다. 개인적으로도 가장 배워야 할 부분이라고 생각되기 때문이다.

김금선 소장은 이렇게 말한다.

요즘은 아이와 밥을 먹기가 쉽지 않다. 대화 시간이 부족할수록 부모의 한마디는 더욱 중요하다. 경제 교육의 관점에서 부모가 해서는 안 되는 말 습관에 대해서 알아보자.

과연 부모는 어떤 말을 하면 안 될까? 소장님의 말을 조금 줄여서 인용해 본다.[42]

첫째, "우리는 마음이 부자야"

마음이 부자임을 애써 강조하면서 조금 가난하게 살아도 된다는 뉘앙스의 말을 해서는 안 된다. "이번에는 돈이 부족해서 못 사지만, 다음에 꼭 살 수 있도록 엄마가 돈을 더 모아볼게"라거나 "우리는 마음이 부자지만 실제로도 부자가 되기 위해 노력해야 해"라고 말해야 경제 교육의 관점에서 타당한 말이다.

둘째, "그래 기분이다. 오늘 치킨 시켜 먹자"

어떤 음식이나 물건 등을 구매할 때 '기분'을 언급하면 교육적으로 좋지 않다. 물론 소비는 사람을 기분 좋게 만들지만, 그것은 결과일 뿐 '기분이 좋아서' 소비하는 모습을 보이면 안 된다. 분명한 소비의 이유가 있어야 한다. 예를 들면, '이번 주는 치킨을 먹겠다고 약속했기 때문에', 혹은 '오늘은 저녁을 준비할 시간이 없기 때문에'이다. 어른들도 기분을 풀기 위해서 과소비하곤 하는데, 이는 어렸을 때부터 '소비와 기분'이 명확하게 분리된 소비를 하지 않아서 생기는 일이다.

셋째, "엄마가 다 할 테니까 너는 공부나 해"

아이들에게 돈에 관한 압박을 주고 싶지 않은 것이 부모의 마음이다. 그러나 돈에 대한 압박감을 주지 않는 일과 아이가 돈에 대한 개념이 없는 것은 전혀 다른 문제이다. "엄마가 다 할 테니 너는 공부만 해"라는 말은 아이가 돈에 대한 개념을 가질 수 없게 만든다. 아이도 학원비, 교재비 등 자신이 쓰고 있는 돈을 부모가 부담하고 있다는 사실을 알아야 한다. 그래야 돈의 소중함도 알고 부모에게 감사한다. 무엇보다 돈과 상관없는 마음이 자리 잡으면 경제 독립에 대한 의지가 희박해지고 부모에게 의존하려는 경향을 보인다.

넷째, "시험 잘 보면 휴대전화 바꿔줄게"

아이의 성적과 선물을 흥정하는 부모가 의외로 많다. 물론 아이와의 흥정이나 협상이 나쁘지 않다. 이런 협상을 통해서 아이가 자신의 선택권과 주도권을 느낄 수 있으므로 교육적인 부분도 있다. 하지만 중요한 것은 아이가 '공부해야 하는 이유'를 혼동해서는 안 되는 것이다. '휴대전화를 사기 위해', '옷을 사기 위해', '게임을 하기 위해' 공부하면 주객이 전도된다. 이렇게 되면 공부에 관한 생각도, 돈에 관한 생각도 왜곡될 수밖에 없다.

다섯째, "이거 사, 이게 훨씬 좋아"

좀 더 싸고 좋은 물건을 사야 한다는 조바심이 들거나 아직 아이의 판단력이 부족하니 대신해주고 싶은 마음에서 하는 행동이다. 그러나 그 어떤 경우라도 부모가 아이의 선택을 제한한 채, 일방적으로 자신의 의견을 강요하는 건 좋지 않다. 아이는 물건을 비교하는 과정에서 다양한 판단을 하고 자신만의 기준을 만들어간다.

여섯째, "끝까지 못 할 거면 아예 시작도 하지 마"

물론 아이가 처음부터 포기하기를 원해서 이런 말을 하지는 않을 것이다. 어느 정도 잘했으면 하는 바람에서 다그치는 것이다. 그러나 "끝까지 열심히 하라"는 격려이자 자극이지만, "끝까지 못 할 거면 아예 시작도 하지 마"는 반협박성 격려일 뿐이다.

왜 이 부분을 그대로 인용했을까? 짐작이 가는가? 아이들이 나에게 자주 하는 말이기 때문이다. "엄마가 할 테니까 공부나 하라고 하던데요?", "시험 잘 보면 이번에 휴대전화 바꿔준다고 했어요", "엄마가 이거 사라고 했어요. 이게 더 좋다고" 아이들의 입에서 가장 많이 듣는 말이다.

이런 말들을 아예 안 하고 살 수는 없다. 때론 격려도 자극도 필요한 법이니까. 그러나 주와 객이 전도되지 않는 지혜가 필요하다. 이런 말들은 자주 하면 독이 된다. 부모는 자신의 이런 말들이 아이의 경제 습관을 망칠 수도 있음을 기억해야 할 것이다.

성경적 물질관이 중요하다

크리스천이 이 시대에 가장 고민해 봐야 할 주제는 돈과 깨끗함이다. 특히 자녀 교육에 있어서 부모의 경제관이 곧 자녀의 경제관이 되기 때문이다. 그런 점에서 오래전에 출간된 책이지만, 김동호 목사의 《깨끗한 부자》는 읽어 볼 만한 필독서이다. 개인적으로 두 가지 말이 마음에 와닿았다.

첫 번째는, "부자는 잘 사는 사람이 아니다"라는 말이다. 개인적으로 이 책에서 가장 생각을 많이 하게 만들었던 구절이다. 김동호 목사는 말한다.

우리는 흔히 돈이 많은 사람을 '잘 사는 사람'이라고 하고 돈이 없는 사람을 '못 사는 사람'이라고 한다. 그러나 그것은 아주 잘못된 생각이다. 돈이 많은 사람을 부자라고 부를 수는 있어도 그를 '잘 사는 사람'이라고 불러서는 안 된다. 마찬가지로 돈이 없는 사람을 '못 사는 사람'이라고 불러서도 안 된다. 돈이 없는 것은 못 사는 것이 아니라 그냥 가난한 것이다.[43]

이 말의 전제는 이렇다. "물질에 대한 바른 생각을 가지고 살려면 …." 물질에 대한 바른 생각을 위해서 우리는 '부자≠잘 사는 사람'이라는 공식을 먼저 머릿속에 넣을 필요가 있다. 목사님의 이 말씀은 절대적으로 맞는 말인 것 같다.

불교계에서 유명한 분 중에 법상 스님이 계신다. 활발한 활동을 하시고, 김동호 목사처럼 유튜브도 하신다. 스님이 지은 책 중에는 제목이 아예 "부자보다는 잘 사는 사람이 되어라"라는 책도 있다. 부자가 되려는 사람들에게 법상 스님은 이런 이야기를 한다.

부자가 되어야지만 잘 사는 길이 열리는 것은 아니다. 부자가 되는 것보다 더 중요한 것은 '잘 사는 사람'이 되는 것이다. 잘 산다는 것은 무엇인가. 물론 잘 사는 방법에는 여러 가지가 있을 수 있다. 또 사람에 따라 잘 사는 방법이 다를 수도 있다. 종교에 따라, 가치관에 따라 나름대로의 잘 사는 방법이 다를 수밖에 없다. 그러나 현대의 사회에서는 모든 것이 획일화되어가고 있다.

부자가 모두의 꿈이겠지만 부자 그 자체가 목적이거나 꿈이 아니지 않은

가. 부자가 됨으로 좀 더 행복하게 잘 살고자 함이 본질이 아닌가. 그렇기에 부자가 되는 것을 막고자 함이 아니라 부자가 되고자 했던 삶의 본질, 근본이 무엇이었는가를 놓쳐서는 안 된다는 것이다.

그것은 바로 잘 사는 사람이 되는 것이다. 부자가 되는 것이 아니라 잘 사는 사람이 되는 것이다.[44]

부모는 무엇보다 올바른 물질관이 있어야 한다. 세상에서 돈만큼 우리에게 소중한 것도 없고, 돈만큼 우리 생활과 밀접한 관련이 있는 것도 없다. 그러기에 쉽게 마음을 빼앗기는 것, 바로 돈이다. 부모는 자녀를 위해서라도 먼저 본인이 올바른 물질관을 확립해야 한다.

두 번째는, "세상이 채울 수 없다"라는 말이다. 서점에 갔을 때 베스트셀러 자리에 《부자 아빠 가난한 아빠》라는 책이 있었다. 심지어 20주년 특별 기념판이라고 한다. 팸플릿을 보니 전 세계 51개 언어로, 109개국 출간, 4,000만 부가 판매되었다고 한다. 국내에는 17종을 출간하여 350만 부가 판매되었다고 한다. 나 역시 350만 부가 되도록 한 부를 더한 사람이다.

이 책을 읽고, 많은 부분에서 지혜를 얻었다. 하지만 불편한 부분이 있었다. 김동호 목사도 그 부분을 지적한다.

하지만 우리는 이 책을 통해 절대로 잘 사는 사람이 되는 길을 배울 수 없고 또 그렇게 될 수도 없다. 행복하고 만족한 삶을 사는 사람이 될 수 없다는 말이다. 오히려 '부자 아빠는 유능한 아빠요 가난한 아빠는 무능한 아빠'라고 배우고 세뇌당한다면 어려서부터 인생에서 매우 중요한 사실을 놓치거나 착각하게 되어 결국에는 참으로 잘 사는 사람이 되기 어려울 것이다.[45]

정말로 그렇다. 세상이 우리를 채울 수 없다. 김동호 목사의 유튜브 채널 프로그램 중 <날마다 기막힌 새벽>이 있다. 목사님은 '#1100번'에서 이런 말을 한다(본문, 전도서 1:1-11).[46]

> 내가 공부할 필요가 없다.
> 돈 벌 필요가 없다.
> 모든 것이 다 쓸데없다는 것이 아닙니다.
> 하지만 우리가 욕심내는 이것들을 가진다고 하여 내 삶을 채우지 못한다는 것입니다.
> 정말 중요한 오아시스와 같은 축복은
> 참된 것은 하나님 안에 있습니다.

세상은 우리를 채울 수 없고 하나님만 우리를 채울 수 있다. 살다가 보면 당신의 마음에는 반드시 빈 공간이 생긴다. 어려움으로 인해, 허전함으로 인해, 또는 말 못 할 고민으로 인해. 당신의 마음에는 빈 공간이 생긴다. 혹시 지금 그런 공간이 생겼다고 할지라도 두려워할 필요는 없다. 그런 공간들은 당신이 삶을 열심히 살았다는 증거이기도 하니까.

다만 그 빈 공간을 무엇으로 채우는지가 중요하다. 그리스도인은,

다음세대의 부모들은 반드시 그 공간을 하나님으로 채워야 한다. 절대로 돈은 안된다. 그것은 더 큰 공간을 만드는 것이다. 하나님 외에는 답이 없다. 부모는 그런 확신이 있어야 하고, 그것을 자녀들의 신앙으로 물려주어야 한다. 혹시 지금 당신의 마음에 빈 공간이 있는가? 하나님으로 채워야 한다. 하나님만 채울 수 있다. 그것이 신앙이다!

4. 신앙의 법칙

좋은 것을 최상의 것으로 만들지 말아라 - 우상

성경에는 우상이 참 많이 나온다. 구약 성경의 대부분 구절은 우상과 관련이 있다고 해도 과언이 아니다. 우상이 무엇인가? 이스라엘 백성들은 바알 신상, 아세라 목상 혹은 일월성신을 생각했을 것이다. 그러나 지금은 아니다. 수천 년이 지난 지금, 우리에게 우상은 이런 단순한 형상이 아니다.

팀 켈러(Timothy Keller)는 우상을 이렇게 정의한다. 자녀들에게 우상을 물려주지 않기 위해 부모들은 팀 켈러의 말을 주의 깊게 들어볼 필요가 있다.

> 우상이란 무엇인가? 무엇이든 당신에게 **하나님보다 더 중요한 것**이다. 무엇이든 하나님보다 더 크게 당신 마음과 생각을 차지하는 것이다. 하나님만이 주실 수 있는 것을 다른 데서 얻으려 한다면 그게 바로 우상이다.[47]

우상은 하나님의 자리를 대신하는 것이다. 단순히 좋아함이나 관심의 대상이 아니다. 내 삶을 좌지우지하는 것이다. 우리 주위에 있는 모든 것들이 다 우상이 될 수 있다. 나의 미래, 나의 꿈, 가치, 사회의 문화, 시대의 흐름 등등 모든 것이 다 우상의 목록에 오를 수 있다. 예전에는 눈에 보이는 것이 위험했는데, 이제는 보이지 않는 것이 더 위험하다. 특히 부모들은 자녀를 이 목록에 올려놓기 쉽다. 물론 돈도 아주 위험하다. J.C 라일(Ryle)은 이렇게 경고한다.

지금이야말로 우상숭배라는 주제를 진지하게 살펴보고 숙고해야 할 때이다. 우상숭배는 엄청난 규모로 우리에게 다가와 우리를 둘러싸고 있을 뿐 아니라, 우리 가운데 자리 잡고 있다. 다시 말해, 십계명의 두 번째 계명에 해당하는 '우상숭배'의 문제로 기독교는 큰 위기에 처해 있다. "염병이 시작되었다(민 16:46).48)

팀 켈러는 아예 이렇게 말한다.

인간의 마음은 우상 공장이다.

생각해 보면 항상 그렇다. 원료는 항상 선하고 좋은 것들이었다. 모든 것의 주인이신 하나님은 우리에게 최고의 원료들을 주셨다. 성공도, 돈도, 사랑도, 가정도, 외모도, 꿈도, 비전도 주셨다. 이것들 가운데 문제가 되는 것은 단 하나도 없다. 정말로 단 하나도 없다. 다 좋은 것들이기에 그냥 써도 된다. 그러나 어떤 이유가 생긴다. 갑자기 사람의 마음에서 공장이 돌아간다. 최고의 물건을 만들어내겠다며

다음 없는 다음세대에 다가가기

박차를 가한다. 필요 이상으로.

이제 성공은 좋은 것을 넘어 인생의 최고가치가 된다. 돈 역시 좋은 것을 넘어 인생의 최고목표가 된다. 사랑도 좋은 것을 넘어 그 남자나 여자에게 목숨을 걸게 된다. 좋은 것들이 최상의 것들로 바뀐다. 인생의 1순위가 된다. 누구도 말은 그렇게 하지 않았지만, 하나님이 2순위로 밀린다. 그런데도 인간의 마음 공장은 쉬지 않는다. 어쩌면 글을 읽는 지금도 돌아가고 있는지도 모른다.

그런 점에서 우리가 저지르는 잘못의 원인은 대부분 '우상'과 관련이 있다. 로마서 1장도 이것을 말한다.

> 사람들은 하나님을 알면서도, 하나님을 하나님으로 영화롭게 해드리거나 감사를 드리기는커녕, 오히려 생각이 허망해져서, 그들의 지각없는 마음이 어두워졌습니다. ⋯ 사람들은 하나님의 진리를 거짓으로 바꾸고, 창조주 대신에 피조물을 숭배하고 섬겼습니다. _롬 1:21, 25상 / 새번역

마음에서 공장을 돌리면 그것이 곧 신이 된다. 레베카 피펏(Rebecca Manley Pippert)은 《빛과 소금》에서 이렇게 말한다.

> 무엇이든 우리를 지배하는 것이 우리의 주인이다. 권력을 구하는 사람은 권력에 지배당하고, 사람에게 받아들여지기 원하는 사람은 좋아하는 사람에게 지배당한다. 우리는 스스로를 지배하는 게 아니라 자기 삶의 주인에게 지배당한다.49)

우리를 지배하기 시작한 우상은 우리 삶의 질서를 바꾸어 버린다. 우리 마음에서 신처럼 행동한다. 그래서 신앙의 핵심은 우상과의 싸움이다. 그리스도인이라면 누구나 이 땅에 태어나 우상과의 싸움을 맞이하게 된다. 피할 수는 없다. 물론 자녀도 예외는 아니다.

폴 트립(Paul David Tripp)은 "자녀가 문제 행동을 하는 근본 원인은 마음속에 있는 '우상' 때문이다"라고 말한다. 자녀의 행동 역시 우상과 관련이 있다는 의미이다. 그의 설명을 조금 더 들어보자.

문제의 근원은 마음속에 있다. 마음속에 무언가가 고장 났다. 마음속 깊이 있는 문제를 반드시 이해해야만 아이가 변화될 수 있다. ⋯ 다시 말해 아이가 겪고 있는 어려움은 깊은 영적 문제다. 마음의 열정과 갈망이 어디에 있느냐의 문제다. 이 아이가 어디에서 인생의 만족과 정체성, 소속감, 의미와 목적, 내적 평화와 안정을 찾고 있는지, 또 어디에서 삶의 희망과 원동력을 얻고 있는지의 문제다. 이것은 아침에 눈을 떠 또 다른 하루를 살아갈 이유가 된다. 아이의 마음속에 어떤 신을 모시고 있는지의 문제다.50)

우상은 우리 마음속에 있고, 부모가 먼저 그 우상과 싸워야 한다. 어떻게 싸워야 하나? 히브리서 기자는 말한다. "여러분은 죄와 맞서서 싸우지만, 아직 피 흘리기까지 대항한 일은 없습니다"(히 12:4). 이 말은 피 흘리기까지 싸워야 한다는 뜻이다. 우상과의 싸움은 평생의 싸움이고, 휴전이 없는 싸움이기 때문이다.

다시 한번 묻고 싶다. 당신에게 좋은 것은 무엇인가? 혹시 당신은 하나님께서 주신 좋은 것을 최고의 것으로 만들어 버리지는 않았는가? 그것이 자녀이건 돈이건 건강이건 그 무엇이든 간에 최고의 것이 되는 순간 우리 삶의 질서는 바뀐다.

마지막으로 J.C. 라일의 글을 묵상하며 우리가 가야 할 방향을 다시 한번 생각해 보기를 바란다.

> 그리스도께서 우리의 마음에 대제사장과 왕으로 앉아 계시지 않으면, 의지라고 하는 작은 나라는 끊임없이 혼란에 빠질 수밖에 없다. 하지만 그리스도만이 우리 마음에서 '모든 것의 모든 것'이 되시면, 모든 것이 제자리를 찾는다. 그리스도 앞에서 모든 우상, 모든 다곤상은 거꾸러질 것이다. 그리스도를 바로 알고, 그리스도를 진실로 믿고, 그리스도를 온 마음으로 사랑하는 것만이 … 온갖 형태의 우상숭배로부터 온전히 보호받고 보존되는 유일한 길이다.[51]

부모들이여! 좋은 것은 그저 좋은 것으로 누릴 줄 알아야 한다. 그냥 딱! 거기까지만 누려라! 부모는 아이의 거울이다. 아이가 건강한 신앙생활을 하기 원한다면 부모가 먼저 좋은 것은 좋은 것으로 누릴 줄 알아야 한다. 그래야 아이도 좋은 것을 좋은 것으로 누리게 된다.

밤이 되어야 별을 볼 수 있다 - 인내

꽤 오랫동안 밤을 무서워했다. 밤이 무서웠다기보다는 어둠이 무서웠다. 어둠이 무서워지기 시작한 건 아마 그때부터였던 것 같다. 창문이 거의 다 막힌 고시원에서 3년을 산 적이 있다. 낮에도 불을 켜지 않으면 밤인지 낮인지 구분하기가 어려웠다. 밤에는 칠흑같이 어두웠다. 무엇이 튀어나올 것만 같은, 아무것도 보이지 않는 이 어둠이 나는 정말로 무서웠다. 그런 무서움이 또 다른 설렘으로 바뀐 계기가 있었으니, 필리핀에서였다.

필리핀에서도 가장 추운 곳, 해발 1,470m의 바기오에서 7개월 정도 살았었다. 이곳에서의 저녁은 어두웠다. 가로등 사정도 좋지 않아 더 어두웠다. 그런데도 거의 매일 밤 산책을 했고, 그날은 조금 더 멀리 나갔던 것 같다. 유독 어두웠던 그날 밤, 나는 무심코 하늘을 올려다보았다. 정말 우연이었다. 아니 그리스도인에게 우연은 없으니 하나님의 인도하심이었다.

그 순간, 그 하늘을 나는 지금도 잊을 수 없다. 별들의 향연, 별들이 춤을 추는 것 같았다. 쏟아지는 것 같았다. 그날 나는 깨닫게 되었다. 어두우면 어두울수록 별이 더 잘 보인다는 것을…. 그때부터였다. 어둠이 조금 친숙하게 된 계기가. 오히려 어떤 날은 짙은 어둠을 기다리게 되었다. 별을 보기 위해서….

살다 보면 우리 영혼에도 어두운 밤이 찾아온다. '영혼의 어두운 밤'은 어떤 의미일까? '가톨릭 굿뉴스'에서 송봉모 신부가 지은 <영혼의 어두운 밤>을 읽어 본 적이 있다. 신부님은 이렇게 설명한다.

'영혼의 어두운 밤'이란
한마디로 영적 공허함과 무기력의 상태이다.
성경을 읽어도, 미사를 드려도, 기도와 찬미를 하여도,

하느님 위로를 느끼지 못하고 구도적 열정도 시들어진 상태이다.

…

어두운 밤이 다가오면 우리 영적 지식의 한계로 인하여

하느님이 어떠한 분인지를 모른 채 앞으로 나아갈 뿐이다.

어두운 밤이 오면 무조건 인내하면서

언젠가는 빛나는 대낮이 온다는 것을 희망하여야 한다.

어두운 밤은 신앙의 위기를 초래할 만큼

하느님 부재를 체험하는 시간이기에 무조건 인내할 필요가 있다.

…

하느님으로부터 버림받은 것 같은 느낌,

자기 혼자만 고통을 짊어지고 있는 것 같은 느낌이

하루에도 수십 번 들겠지만

주님께서 우리의 착한 목자가 되시어

우리를 바른길로 인도하고 계신다는 것을 잊지 말아야 한다.

이 사실을 굳게 믿으면서

여명이 트기까지 깨어 기다리는 것이 신앙이다.[52)]

그리스도인은 반드시 영적 공허함과 무기력의 상태에 빠진다. 어쩌면 당신이 지금 그런 상태인지도 모르겠다. 답답하다. 기도해도 답답하고, 예배를 드려도 답답하다. 하나님이 내 옆에 계시는지도 잘 모르겠다. 머리로는 알겠는데, 마음으로 느끼지를 못하겠다. 진짜로 공허하기만 하다.

어떤 이들은 이런 상태를 '매너리즘(mannerism)'이라고 한다. 코로나로 인해 매너리즘이 더 심해졌다. 나 역시 최근에 매너리즘의 빈도수가 더 잦아진 것 같다. 이런 말을 하면 어떤 성도는 놀란다. "아니~ 목사님도 그런 무력한 기분을 느끼신다고요?"

목사라서 피할 수 있는 것이 아니다. 오히려 목사라서 더 많이 느낄 때가 많다. 소강석 목사도 국민일보와의 인터뷰에서 이런 말을 했다 "우리는 더 이상 매너리즘에 빠진 제도적이고 화석화된 교회로 머물러 있으면 안 된다. 간절함을 가지고 신앙의 본질을 추구하는 성경적 교회를 세워야 한다"[53] 개인도 교회도 누구든지 매너리즘에 빠질 수 있다.

어떤 이들은 이런 상태를 '우울증'이라고 한다. 제랄드 메이(Gerald G. May)는 《영혼의 어두운 밤》에서 말한다.

> 내 경험에 비추어 보건대, 사람들은 대체로 우울증과 어두운 밤을 동시에 경험하는 경우가 많다. 경우에 따라서는 어두운 밤은 상실과 연루되며, 상실은 슬픔으로, 슬픔은 일시적으로 우울증과 연루될 수 있다. … 어두운 밤과 우울증은 서로 공존하는 경우가 너무 흔하므로, 이 둘을 따로 구별하려 애쓰는 것은 그리 도움이 되지 않는다.[54]

부모들이여! 영혼의 어두운 밤은 피할 수 있는 것이 아니다. 피해서도 안 된다. 그러니 인내하면서 버텨야 한다. 따지고 보면 자녀 양육도 부모의 어두운 밤에 속하지 않나! 절대로 만만한 과정이 아니다. 그러나 인내하고 기다리면 그만큼 자녀가 잘 자란다. 어두운 밤에 더 밝게 빛나는 별처럼.

유진 피터슨(Eugene H. Peterson)은 영혼의 어두운 밤을 '광야'로 풀어낸다. 광야는 인내하는 곳이다. 모세는 이스라엘을 이끌고 40년 동안 광야에서 살았다. 예수님은 유대 광야에서 40일 동안 금식하셨다. 특히 다윗은 사울을 피해 오랫동안 광야를 떠돈다. 몇 번이고 떠돈다. 그 누구도 광야를 피하지 않았다. 피터슨은 말한다.

광야는 다윗에게 모든 곳에서 아름다움을 알아보는 법을 가르쳐 주었다. 광야는 다윗에게 생명의 고귀함을 가르쳐 주는 학교였다. 광야 생활을 통해 다윗은 전혀 기대하지 못했던 장소와 사물들 안에서 하나님을 보는 법을 배웠다. … 광야를 통해, 참으로 하잘것없는 돌멩이 하나 속에서도 하나님의 임재를 알아보는 법을 배운 다윗은 그 어떤 사물도, 그 어떤 사람도 감히 함부로 대하거나 업신여길 수 없었다. … 심지어 (자신을 죽이려는) 사울에게서도 거룩을 알아볼 줄 알게 되었다.55)

인내했더니 거룩을 알아보게 되었다. 우리도 조금만 더 인내하면 된다. 인내하면 밝은 별이 보일 것이다. 2018년에 개봉한 <범블비>라는 영화가 있다. 메모가 찰리에게 말한다. "가장 밝은 별은 가장 어두운 밤에 빛난다." 혹시라도 인내하다가, 어둠의 밤을 지나다가 눈을 들면 보일 것이다. 예수 그리스도라는 별이. 가장 밝은 그 별이 부모인 당신을 응원하고 있다.

당신의 가치가 십자가 위에서 빛난다 - 정체성

두 아이를 키우고 있는 내 친구가 어느 날 내게 물었다.

"나는 누굴까? 내가 점점 작아져. 하루에 몇 번씩 무너질 때가 있어"

부모가 되면 그런가 보다. 어쩜 자녀들 앞에서 더 강하게 살아야 해서, 모범을 보여야 해서 그럴지도 모르겠다. '내'가 아닌 '부모'로 살아야 하므로….

이런저런 말로 위로하고 돌아오는 길에 나 역시 그런 생각이 들었다. '나는 누구일까?' 그때 문득 지하철 도어 스크린에서 이 시를 봤다.

〈사랑의 발명〉

이영광

살다가 살아보다가 더는 못 살 것 같으면
아무도 없는 산비탈에 구덩이를 파고 들어가
누워 곡기를 끊겠다고 너는 말했지.

나라도 곁에 없으면
당장 일어나 산으로 떠날 것처럼
두 손에 심장을 꺼내 쥔 사람처럼
취해 말했지.

나는 너무 놀라 번개같이,

번개같이 사랑을 발명해야만 했네.[56]

이 시를 두고 신형철은 《인생의 역사》에서 이렇게 설명한다.

이 시는 천년은 된 시처럼 아득한 마음으로 읽어 보는 때가 있다. … 먼 과거의 어느 날 무정한 신 아래에서 마침내 인간이 인간을 사랑하기 시작한 순간의 이야기처럼 보여서이다"[57]

무정한 신이라…. 오히려 나는 이 시를 보면서 번개같이 움직이신 한 분이 생각났다. 그분은 번개같이 오셨다. 인간이 영원한 죽음으로 달려갈 때. 지옥의 구덩이를 쉴새 없이 파고 있을 때, 놀란 그분이 하늘 보좌 버리고 번개같이 이 땅에 오셨다. 바로 예수 그리스도이시다.

그분은 이 땅에서 인간의 삶을 사셨다. 마지막에는 십자가를 택하셨다. 고통이라는 말로는 다 담지 못할 형벌이었다. 십자가형의 과정을 소개한 NGC 다큐멘터리의 한 역사학자는 말한다. "십자가에 달린 죄수는 '죽음의 모든 과정을 다 경험한 후'에야 죽는다"

예수님은 왜 그런 십자가를 선택하셨을까?
당신을 사랑해서이다.

그분은 당신을 가장 사랑하셨다. 그래서 십자가를 선택하셨다. 당신을 사랑한 대가로 모든 것을 희생하셨다. 그런 그분은 절대로 무정한 신이 아니다. 우리가 믿는 예수님은 희생의 신이셨고, 사랑의 신이셨다. 예수님의 가치는 십자가 위에서 가장 빛났고, 우리의 가치는 십자가의 예수님을 인생의 주인으로 고백할 때 가장 빛난다. 우리의 정체성이 십자가에 있기 때문이다.

예전에 많이 들은 이야기 중에 이런 이야기가 있다. 아프리카를 여행하던 유럽인들이 그곳의 아이들이 공기놀이하는 모습을 보고 깜짝 놀랐다. 아이들이 왕방울만 한 다이아몬드로 공기놀이를 하고 있었기 때문이다. 유럽인들은 공짜로 사탕을 아이들에게 주고 맛을 보게 했다. 아이들은 난생처음 맛본 사탕 맛에 금세 빠지고 말았다. 아이들이 사탕에 중독될 때쯤, 사탕과 공깃돌을 바꾸자고 제안했다. 아이들은 스스럼없이 공깃돌과 사탕을 교환했다.

하나님도 그런 교환을 했다.

예수님의 죽음과 당신을 교환했다.

그것이 바로 당신의 정체성이다.

그러니 당신의 가치는 좋은 차 앞에서 빛나지 않는다.

화장실이 3개인 집 안에서 빛나지 않는다.

높은 자리에서 빛나지 않는다.

오직! 십자가 위에서만 빛난다!

그 정체성이 확실해야 아이도 건강하게 자란다.

부모인 당신은 예수님 짜리다!

닫아요 / 그 기쁨에 모험을 걸어 보자고요

다음세대에 대한 글을 쓰다가 보니 그들의 중요성을 더 많이 깨닫게 되었다. 다음세대가 더! 애절하게 다가온다. 물론 그들과 함께 한 모든 순간이 애절했다거나 행복했다고 하면 거짓말이다. 힘들 때도, 아플 때도 있었다. 그래도 돌아보면 참으로 감사하다. 덕분에 나 역시 자라고 있음을 보게 되었기 때문이다. 그런 그들을 보니 이런 대사와 문장들이 생각난다.

- 드라마 <도깨비>에서 이런 대사가 가장 기억에 남는다.

너와 함께한 시간 모두 눈부셨다.

날이 좋아서,

날이 좋지 않아서

날이 적당해서

모든 날이 좋았다.[1]

- 손웅정 씨의 책에서 가장 기억에 남는 문장은 이것이다.

나에게 축구는 곧 나의 인생이다.

축구로 인해 많은 연구를 해야 했고, 생각을 해야 했다.

그리고 그 모든 과정이 행복했다.[2]

다음세대와 함께한 약 20년의 세월, 비록 짧지만, 나의 고백도 이렇다.

"행복이었고,

　행복이다.

　그리고 행복일 것이다.

　다음세대와 함께하는 그 모든 날이…."

다음세대를 담당하는 우리 모든 사람의 고백이 이렇지 않을까?

"우리 모두에게 다음세대는 곧 미래였다.

아이들을 위해 많은 연구를 해야 했고, 생각도 해야 했다.

물론 기도도 수없이 했다.

그런 과정 중에 아픔도 있었지만,

그 모든 과정이 너무도 행복했다."

최근 노벨문학상 시인인 루이즈 글릭(Louise Elisabeth Glück)의 시를 읽으며 다음세대에 대한 다짐을 하게 되었다. 여러 편의 시 가운데 마음에 가장 와닿았던 <눈풀꽃>의 한 부분을 인용하며 글을 마치려 한다. 다음세대를 향한 나의 다짐도 담아서.

두렵냐고요. 네. 그래도 당신들 속에서 다시

외칩니다. 그래요. 기쁨에 모험을 걸어 보자고요.

새로운 세상의 맵찬 바람 속에서.3)

다음세대를 세우는 바로 그 일에,

우리가 함께 가기를 원한다.

우리가 함께하기를 원한다.

쉽지 않겠지만,

어려움도 있겠지만,

그래도 우리는 함께니까.

우리가 함께라면
우리는 반드시 할 수 있다.
다음세대는 다른 세대가 아니라
다음세대는 믿음의 세대로 세워질 것이다.
반드시!

우리가 이 세대를 세워가길 원한다.
그래요. 그 기쁨에 우리가 모험을 걸어 보자고요.

맡은 사람에게 더없이 요구되는 것은 충성입니다. _고전 4:2 / 쉬운성경

주석

열어요

01) 무너져가는 지방 미션스쿨, '웨이크업 운동'으로 회복, 국민일보, 시사, 2022.
6. 30. https://news.kmib.co.kr/article/view.asp?arcid=0017232532&
code=61221111&cp=nv

02) 김도일 외 3인, 《교회학교가 살아야 교회의 내일이 있다 - 뉴노멀 시대의 기독
교 교육》(서울: 동연, 2022), 36.

1장

01) 김용섭, 《프로페셔널 스튜던트》(서울: 퍼블리온, 2021), 8.

02) 문화랑, 《미래 교회교육 지도 그리기》(서울: 생명의 말씀사, 2021), 24.

03) '교회 섬김과 봉사의 자리를 떠나며', TimChoi 블로그, 22. 10. 13.
https://blog.naver.com/cds0915/222899656643

04) "꿈 이루려면 창조형 공부를 하라" - 켄드킴. 세계일보, 문화, 2010. 2. 10.
https://www.segye.com/newsView/20100210003821

05) 유명만, 《독서의 발견》(서울: 카모마일북스, 2018), 22.

06) 김도인 외 7인, 《목회트렌드 2023》(서울: 목회트렌드연구소, 2022), 309.

07) 홍사중, 《리더와 보스》(경기도: 사계절 출판사, 2015), 10.

08) 홍사중, 위의 책, 79-81.

09) 손웅정, 《모든 것은 기본에서 시작한다》(경기도: 수오서재, 2021), 153.

10) 디자이너 임헌우 "실수를 해야 성장할 수 있어", 채널예스, 인터뷰, 2014. 2.
11. https://ch.yes24.com/Article/View/24419

11) 홍사중, 《리더와 보스》, 102.

12) 커피빈이 1,267억 원, 스타벅스가 2,416억 원이었다. ; 한때 스타벅스 라이벌이 있는데 ⋯ 초라해진 '커피빈', SBS Biz, 2021. 4. 6. https://biz.sbs.co.kr/article/20000010360?division=NAVER.

13) '커피빈', 복합문화공간 서비스는 좀 야박, 이투데이, 기업, 유통, 2014. 5. 27. https://www.etoday.co.kr/news/view/921470.

14) 커피전문점 소비자 만족도, '주문·결제' 높고, '가격·서비스' 낮아, 한국소비자원, 2022.8.1. https://www.kca.go.kr/home/sub.do?menukey=4002&mode=view&no=1003337741.

15) 카공족 외면에 두 손 든 커피빈⋯와이파이·충전시설 뒤늦게 확장, 한경뉴스, 2017. 4. 25. https://www.hankyung.com/news/article/2017042571581

16) "청소년 복음화율 3%⋯ 점점 내리막, 10대들의 소통 구조부터 이해해야"- YFC 13대 회장 김상준 목사 인터뷰, 국민일보, 2022. 3. 1. https://m.kmib.co.kr/view.asp?arcid=0924233746

17) 손웅정,《모든 것은 기본에서 시작한다》, 269.

18) 정체성 위기: 스스로를 의심할 때, 원더풀마인드, 2017. 5. 14. https://wonderfulmind.co.kr/identity-crisis-doubt/

19) 한춘기,《교회교육 코칭》(서울: 대한예수교장로회총회, 2014), 37.

20) 이정현,《교사 베이직》(서울: 생명의말씀사, 2018), 22.

21) 한춘기,《교회교육 코칭》 66.

22) 이정현,《교사 베이직》(서울: 생명의말씀사, 2018), 40.

23) [마음처방전] 마음 그릇 키우기- 지원 스님, 현대불교, 2020. 8. 1. http://www.hyunbulnews.com/news/articleView.html?idxno=304000

24) [이너뷰] 동양인 첫 바티칸 장관 ⋯ "사랑은 모든 것을 이긴다", KBS, 2021. 07. 13.

25) 힐러리 모건 페러 저, 고동일 역,《세상으로 달려가는 아이 신앙 위에 세우려는 엄마》(서울: 도서출판 디모데, 2021), 15.

26) 이현철 외 3인,《코로나시대 청소년 신앙 리포트》(서울: SFC 출판부, 2021), 188-189.

2장

01) 부정할 수 없는 '입덕' 습관(부제: 아이돌 팬), 방송/연예, 오즈앤오즈. 2020. 2. 13. https://post.naver.com/viewer/postView.naver?volumeNo=27487344&mem

02) 신형철, 《인생의 역사》 (경기도: 난다, 2022), 251.

03) '아이가 엄마 다음으로 배우는 단어는', 한계레신문, 미래&과학. 2022. 4. 18. https://www.hani.co.kr/arti/science/science_general/1039310.html

04) '당신의 아기, 첫 마디가 "알렉사"라면, 중앙일보, 경제 : 경제일반. 2018. 6. 18. https://www.joongang.co.kr/article/22723431

05) 최은영, 《알파세대가 학교에 온다》 (서울: 지식프레임, 2021), 5.

06) Generation Alpha, wikipedia. https://en.wikipedia.org/wiki/Generation_Alpha.

07) '디지털 원주민' 알파세대 … Z 다음세대 아닌, 완전히 새로운 종족, 헤럴드경제, 경제면, 2022. 11. 28. http://news.heraldcorp.com/view.php?ud=20221128000525

08) [네이버 지식백과] 포노 사피엔스 https://terms.naver.com/entry.naver?docId=2805315&cid=43667&categoryId=43667

09) 최재붕, 《포노사피엔스》 (서울: 쌤엔파커스, 2019), 24.

10) 총 조사 가구 가구원 수는 2009년 3,359명, 2010년 6,409명, 2011년 6,669명, 2012년 6,441명, 2013년 6,240명, 2014년 6,042명, 2015년 7,553명, 2016년 7,385명, 2017년 7,416명, 2018년 7,234명, 2019년 6,375명, 2020년 6,029명, 2021년 6,834명을 기준으로 함. https://kosis.kr/search/search.do?query=스마트폰

11) 2012-2022 스마트폰 사용률 & 브랜드, 스마트워치, 무선이어폰에 대한 조사, 한국갤럽조사연구소. 2022. 6. 30. https://www.gallup.co.kr/gallupdb/reportContent.asp?seqNo=1309

12) 이도흠, 《4차 산업혁명과 대안의 사회》 (서울: 특별한 서재, 2020), 70-71.

13) 김덕년 외 2인, 《포노 사피엔스를 위한 진로 교육》 (서울: 교육과실천, 2021), 22-26.

14) '디지털 원주민' 알파세대 ⋯ Z 다음세대 아닌, 완전히 새로운 종족, 헤럴드경제, 경제면. 2022. 11. 28.
http://news.heraldcorp.com/view.php?ud=20221128000525

15) 미니 밀레니얼 '알파세대' ⋯ 어리다고 얕보지 말아요, 매일경제, 경영칼럼. 2022. 9. 23. https://www.mk.co.kr/economy/view/2022/843822

16) 김난도 외 9인,《트렌드 코리아 2023》(서울: 미래의창, 2022), 308.

17) '초등학생들의 마라탕 사랑, 허세가 아니었습니다', 오마이뉴스, 사는 이야기. 2022. 8. 14. http://www.ohmynews.com/NWS_Web/View/at_pg.aspx?CNTN_CD=A0002856248

18) '용돈 받는 알파세대 정조준하는 다이소', 뉴스토마토, 2022. 5. 24.
http://www.newstomato.com/ReadNews.aspx?no=1124942&inflow=N

19) "다이소, 카페고리 확장으로 '승부수'", 팍넷뉴스, 산업 유통, 2022. 8. 10.
https://paxnetnews.com/articles/90518

20) '골프·마라탕·인생네컷·필라테스 ⋯ 카드 빅데이터로 본 창업 인기템', 매일경제, 경제. 2022. 6. 22.
https://www.mk.co.kr/news/economy/10359001

21) "MZ세대가 '인생네컷'에 열광하는 까닭", 서울와이어, 생활경제. 2022. 8. 11.
http://www.seoulwire.com/news/articleView.html?idxno=477509

22) 친해지고 싶은 사람이 있다면? "사람과 가까이하는 법", 아시아투데이, 사회 일반. 2022. 10. 21.
https://www.asiatoday.co.kr/view.php?key=20221019001331059

23) wikipedia. https://en.wikipedia.org/wiki/Generation_Z

24) wikipedia.https://ko.wikipedia.org/wiki/MZ세대

25) 나무위키. https://namu.wiki/w/MZ세대

26) 대학내일20대연구소,《트렌드 MZ 2019》(서울: 한빛비즈, 2018), 6~8.

27) 'MZ세대? M세대와 Z세대는 또 다르다', 종합시사매거진, 이슈 분석. 2021. 10. 30.
http://www.sisanewszine.co.kr/news/articleView.html?idxno=11891

28) 김난도외 9인,《트렌드 코리아 2022》(서울: 미래의창, 2011), 317.

29) 임홍택, 《90년생이 온다》 (서울: 웨일북, 2019), 69.

30) '언어는 문화를 담는 그릇', 영남일보, 전문가칼럼. 2020. 11. 12.
https://www.yeongnam.com/web/view.php?key=20201110010001432

31) '알다가도 모를 MZ세대?… 이들 언어 알면 마음도 보인다', 시니어신문, 사회
일반. 2022. 6. 24.
"http://www.seniorsinmun.com/news/articleView.html?idxno=45544

32) 임홍택, 《90년생이온다》, 97.

33) 네이버 지식 백과 : 편슈머. https://terms.naver.com/entry.naver?docId
=5945599&cid=43667&categoryId=43667

34) "식품업계 최초 4억 불 수출 달성한 삼양 식품, 그 저력은 '불닭 브랜드'", 베타
뉴스, 생활경제. 2022. 12. 8. https://www.betanews.net/article/1377458

35) 임홍택, 《90년생이 온다》, 109.

36) 최재붕, 《포노 사피엔스》, 60~63.

37) 힐러리 모건 페러 《세상으로 달려가는 아이 신앙 위에 세우려는 엄마》, 42.

38) 김난도, 《트렌드 코리아 2023》, 143.

39) '플렉스 해 버렸지 뭐야~ 플렉스 소비 즐기는 MZ세대의 심리 전격 분석', 통계
청, 2020. 5. 13. https://blog.naver.com/hi_nso/221960479951

40) '고금리시대 MZ세대 소비 양극화! 플렉스에 대항하는 짠테크의 활약', 한국
포스증권, 2022. 10. 12. https://post.naver.com/viewer/postView.nave
r? volumeNo=34613918&memberNo=28991414&vType=VERTICAL

41) '잠금 해제'하면 할인 … 짠테크 앱으로 가스요금 줄여볼까, 중앙일보, 경제, 경
제 일반. 2022. 12. 8. https://www.joongang.co.kr/article/25124208

42) 편의점 도시락 매출 증가 … "일상 회복·물가 상승 영향", 연합뉴스, 최신기사,
2022. 5. 17. https://www.yna.co.kr/view/AKR20220517068300003

43) "17일 동안 '0원' 썼습니다." … 고물가 시대에 MZ세대 직장인들이 도전한다
는 '무지출 챌린지', 인사이트. 2022.7.11.
https://www.insight.co.kr/news/403299

44) 지금은 '무지출', '짠테크' 시대 … '플렉스', '욜로'는 옛말, 매거진환경, JOB&
JOY. 2022. 8. 10.

https://magazine.hankyung.com/job-joy/article/202208102531d

45) 서울드래곤시티, '스몰 럭셔리' 트렌드 … MZ세대에 사랑받는 호텔 다이닝, 한경경제, 2022. 9. 20.
https://www.hankyung.com/economy/article/2022092019021

46) 10만 원짜리 소주 사려 줄 섰다…MZ세대 이번엔 '소주 오픈런' [오정민의 유통한입], 한경라이프, 2022. 8. 18.
https://www.hankyung.com/life/article/202208182413g

47) "한 그릇에 10만 원인데…" 망고빙수에 20·30세대 줄 서는 까닭, 아시아경제, 일반. 2022. 7. 19.
https://www.asiae.co.kr/article/2022071811222112726

48) '6만 원 호텔 빙수' 열풍 뒤엔 MZ세대 '스몰 럭셔리' 트렌드, 비즈 한국, 비즈. 2021. 5. 20. http://www.bizhankook.com/bk/article/21934

49) 김난도, 《트렌드 코리아 2023》, 169.

3장

01) JTBC <내가 나로 돌아가는 곳 - 해방타운> 장윤정 편, 2021. 8. 3. 방영.

02) 박명수, 《남보다 나》(구글 드라이브, 무료 배포, 2021), 22-23. https://drive.google.com/file/d/1HPmfcTsyhj7ghKJWla4oXRBI9ENyOfk4/view

03) '바쁨과 헤어져도 되나요?' 황보선 에디터, allure, 2019. 10. 10. www.allurekorea.com/2019/10/10/%EB%B0%94%EC%81%A8%EA%B3%BC-%ED%97%A4%EC%96%B4%EC%A0%B8%EB%8F%84-%EB%90%98%EB%82%98%EC%9A%94/?utm_source=Naver&utm_medium=partnership

04) 존 마크 코머 저, 정성묵 역, 《슬로우 영성》(서울: 두란노, 2021), 72.

05) Kosuke Koyama, *Three Mile an Hour God* (Danvers: SCM Press, 2021), 8.

06) 마루야마 겐지 저, 김난주 역, 《소설가의 각오》(경기도: 문학동네, 1999), 207.

07) 존 마크 코머, 《슬로우 영성》, 39.

08) 개브리얼 제빈 저, 엄일녀 역, 《섬에 있는 서점》(경기도: 문학동네, 2017), 113.

09) 신혜원, 《오늘도 밑줄 긋습니다》(경기도: 강한별, 2022), 16-17.

10) 손웅정,《모든 것은 기본에서 시작한다》, 137, 141.

11) '목사의 핵심 사역은 설교가 아니다', 박 데이빗 목사 유튜브 '온 이스라엘'. 2022. 12. 15. https://www.youtube.com/watch?v=7yw5IWtVVv0

12) 박종순,《열혈독서》(서울: 나침반출판사, 2021), 23-24.

13) 박영근,《오늘 대한민국을 설교하라》(서울: 생명의말씀사, 2015), 111-112.

14) 김도인,《독서꽝에서 독서광으로》(경기도: 목양, 2020), 55-56.

15) 이남훈,《CEO 스티브 잡스가 인문학자 스티브 잡스를 말하다》(서울: 팬덤북스, 2011), 10.

16) [백성호의 한 줄 명상] 법정 스님 "행복은 당장 이 순간에 존재한다", 중앙일보, 문화: 문화 일반. 2021. 10. 13. https://www.joongang.co.kr/article/25014428

17) 유영만,《체인지》(서울: 위너스북, 2012), 55-56.

18) '신바람 나게 일하는 수평적 조직을 위한 10대 과제 추진', 인사혁신처, 보도자료. 2021. 7. 15. www.mpm.go.kr/mpm/comm/newsPress/newsPressRelease/?boardId=bbs_0000000000000029&mode=view&cntId=3235

19) 불평등의 표본 '갑질', 한국기독공보, 이슈앤이슈, 2016. 5. 10. http://www.pckworld.com/article.php?aid=7095479607

20) 고통받는 부교역자들을 위한 항변. 뉴스엔조이, 칼럼. 2022. 3. 16. https://www.newsnjoy.or.kr/news/articleView.html?idxno=304162

21) 박양규,《리셋 주일학교》(서울: 샘솟는기쁨, 2022), 68.

22) 최윤식, 최현식,《앞으로 5년, 한국교회 미래 시나리오》(서울: 생명의말씀사, 2020), 195.

23) 서광원,《사자도 굶어 죽는다》(서울: 위즈덤하우스, 2008), 53.

24) '신앙훈련으로 소통해야…교회에서 가정으로', GOOD NEWS, GOODTVNEWS. 2022. 2. 21. https://www.goodnews1.com/news/articleView.html?idxno=404882

25) 고경태, '김세윤 교수의 사상 사색(2)' "한국교회는 구원파적 구원론인가?, 형남서원 블로그. 2018. 7. 5. https://blog.naver.com/lucalcollge/221313408200

26) 김종원,《너를 스친 바람도 글이 된다》(서울: 오감, 2015), #11 온전한 하나 가 되기 위해.

27) '[김선주 칼럼] 마음 가는 곳에 '돈'이 간다', 한겨레, 사설, 칼럼. 2013. 7. 9. https://www.hani.co.kr/arti/opinion/column/595026.html

28) "교회, 다음세대 위해 재정의 50%는 투자해야", 크리스천 투데이, 교육, 교회 교육. 2021. 7. 2. https://www.christiantoday.co.kr/news/341014

29) <마른 교회여! 살아나리라!!! (8)> 다음세대가 없는 이유? 3원의 부재, 기독 일보, 오피니언, 칼럼. 2022. 8. 19. https://www.christiandaily.co.kr/news/117862#share

30) '아이와의 애착 형성, 이대로도 괜찮은 걸까요? – 이다랑(육아상담 전문가) 편', 체널 예스, 2019. 8. 6. https://ch.yes24.com/Article/View/39493

31) 조형근,《키워드로 읽는 불평등 사회》, 72

32) [유영만의 體認知] <22> '바다'는 다 '받아' 준다!, etnews. 2012. 2. 9. https://www.etnews.com/201202090078

33) 이장근,《바다는 왜 바다일까》(서울: 푸른책들, 2011), 22-23.

34) 라원기,《누구나 한번은 리더가 된다》(서울: 두란노, 2020), 36.

35) 존 맥스웰 저, 조용만 역,《인간계의 원칙》(서울: 청우, 2004), 113-114.

4장

01) 나무위키. https://namu.wiki/w/라떼

02) 이어 "까라면 까"라고 말하는 상명하복 유형(20%), "내가 해 봐서 안다"라고 말하는 전지전능 유형(16%), "네가 이해해라"라고 말하는 무배려·무매너 유 형(13%)의 순서였다; 임홍택,《90년생이 온다》, 148.

03) '지식에도 유통기한이 있다', 중앙일보, 문화: 문화일반. 2014. 9. 20. https://www.joongang.co.kr/article/15862092

04) 김미경,《김미경의 리부트》(경기도: 웅진지식하우스, 2020), 112.

05) 매그너스 린드비스트 저, 차미례 역,《우리가 아는 모든 것은 틀렸다》(서울: 리베르, 2010), 126.

06) 김도인,《독서꽝에서 독서광으로》, 269, 272.

07) 장진희, 《마음에 길을 내는 하루》(서울: 샘솟는기쁨, 2022), 245.

08) 《2022 통계로 보는 남녀의 삶》, 여성가족부, 보도자료. 2022. 9. 5. www. mogef.go.kr/nw/rpd/nw_rpd_s001d.do?mid=news405&bbtSn=708745

09) 한성희, 《딸에게 보내는 심리학 편지》(서울: 메이븐, 2020), 195.

10) 테레사 조던 저, 박아람 역, 《생활수업》(서울: 책읽는수요일, 2016), 119, 124.

11) 김관선, 《내몸이 성전입니다》(서울: 두란노, 2021), 23.

12) '혼전순결을 지키지 못했다면', <기독교가 답이다> 블로그, 2022. 12. 9. https://blog.naver.com/christian_answer/222950386180

13) 유영만 《생각지도 못한 생각지도》(서울: 위너스북, 2014), 37.

14) '세스코, 팬클럽 창단 100일 기념행사', 매일경제, 경제섹션. 2001. 12. 2. https://n.news.naver.com/mnews/article/009/0000173460?sid=101,

15) 이정일, 《문학은 어떻게 신앙을 깊게 만드는가》(서울: 예책, 2021), 286~287.

16) 박종순, 《열혈독서》, 62-63.

17) "교사의 소명과 사명"편 - 홍승영 목사, 넥스트 교회교육원. 2021. 11. 27. https://www.youtube.com/watch?v=IL-0W-gUvfw

18) 이정현, 《교사 베이직》, 48.

19) 임홍택, 《90년생이 온다》, 138.

20) 이정일, 《문학은 어떻게 신앙을 깊게 만드는가》, 221.

21) 테레사 조던, 《생활수업》, 214.

22) 공병호, 《일취월장》(서울: 해냄출판사, 2011), 256.

23) 장진희, 《마음에 길을 내는 하루》, 54.

24) '열매 맺게 하신 하나님을 찬양합니다 - 우간다 이정식 선교사(GMS)-', 기독신문, 선교. 2022. 3. 11. http://www.kidok.com/news/articleView.html?idxno=214745

25) "실패는 나의 힘… 150번 도전해 10번 성공, 그게 가장 큰 자산", 동아일보. 2021. 1. 24. https://post.naver.com/viewer/postView.nhn?volumeNo=30554146&memberNo=11291600&vType=VERTICAL

26) 질 볼트 테일러 저, 장호연 역, 《긍정의 뇌》(경기도: 윌북, 2010), 180.

27) 공병호, 《일취월장》, 120.

28) 질 볼트 테일러 저, 《긍정의 뇌》, 179.

29) 한근태, 《일생에 한 번은 고수를 만나라》 (서울: 미래의창, 2013), 154.

30) "청소년 복음화율 3%⋯ 점점 내리막, 10대들의 소통 구조부터 이해해야", 국민일보, 김상준 목사 인터뷰. 2022.3.1.
https://m.kmib.co.kr/view.asp?arcid=0924233746

5장

01) 송주연, 《이 선 넘지 말아 줄래요?》 (서울: 한밤의 책, 2021), 20.

02) 정혜신, 《당신이 옳다》 (서울: 해냄, 2018), 178-179.

03) '무엇을, 얼마나 보느냐~ 조망권이 돈이 되는 시대', 리얼케스트, 2021. 11. 12.
http://www.rcast.co.kr/sub02.php?BRD_ID=1636675378949

04) 김양재, 《문제아는 없고 문제 부모만 있습니다》 (서울: 두란노, 2017), 60-62.

05) 강정자, 《부모혁명》 (서울: 미다스북스, 2019), 147-148.

06) 우종영, 《나는 나무처럼 살고 싶다》 (서울: 메이븐, 2009), 348.

07) 강정자, 《부모혁명》, 151.

08) '믿지 않은 관종 언니', 이지혜 유튜브. 2022. 10. 20.
http://www.youtube.com/watch?v=LXhMDb69s_Q

09) 스티븐 코비 저, 김경섭 역, 《성공하는 사람들의 7가지 습관》 (경기도: 김영사, 2008), 266.

10) 강정자, 《부모혁명》, 98.

11) '부모의 신뢰와 자녀의 성공'- 권정희의 세상 읽기, 한국일보. 2022. 6. 17.
http://www.koreatimes.com/article/1420110

12) J.B. 필립스 저, 이용복 역, 《네 하나님은 너무 작다》 (서울: 규장, 205), 4-7.

13) 위의 책, 21~22.

14) "고민 없이, 결코 하나님 제대로 만날 수 없습니다" - 조재욱 목사 인터뷰, 크리스천투데이, 2022. 5 .8.
https://www.christiantoday.co.kr/news/347220.

15) SFC, 《코로나 시대 청소년 신앙 리포트》, 118.

16) 고재학, 《부모라면 유대인처럼》 (경기도: 위즈덤하우스, 2014), 49-50.

17) 박미자. 《부모라면 지금 꼭 해야 하는 미래 교육》 (경기도: 위즈덤하우스, 2018), 87.

18) 정혜신, 《당신이 옳다》, 123-124.

19) 브래디 미카코 저, 정수윤 역, 《타인의 신발을 신어 보다》 (서울: 은행나무, 2022), 30-31.

20) '2021년 코로나19 국민 정신건강 실태조사 분기별 결과 발표', 보건복지부 홈페이지, 보도자료. 2022. 1. 11.

21) 데이먼 자하리아데스 저, 김미정 역, 《멘탈이 강해지는 연습》 (서울: 서삼독, 2022), 28.

22) 7가지는 감정 통제력, 충동통제력, 낙관성, 원인분석력, 공감능력, 자기효능감, 적극적 도전성이다. 이 요인을 기반으로 RQ 점수가 산출된다.

23) [추천방송] SBS '그것이 알고 싶다', PD 저널, 2009. 2. 14. http://www.pdjournal.com/news/articleView.html?idxno=20395

24) 김주환, 《회복탄력성》(서울: 위즈덤하우스, 2019), 81.

25) 존 마크 코머 저, 정성묵 역, 《슬로우 영성》 (서울: 두란노, 2021), 36.

26) 정상근, 《잠시, 멈춰서, 생각》 (서울: 사회평론, 2013), 17.

27) 조장훈, 《대치동-학벌주의와 부동산 신화가 만나는 곳》 (경기도, 사계절, 2021), 203-204.

28) '2021년 초중고 사교육비 조사 결과', 통계청. 2022. 3. 11.

29) 김양재, 《문제아는 없고 문제 부모만 있습니다》, 141.

30) 김정태, 《스토리가 스펙을 이긴다》 (서울: 갤리온, 2011), 63.

31) "직장생활, 스펙보다 중요한 건 태도", 유인경 작가, 문화뉴스: 작가와의 만남, 채널 예스. 2017. 6. 13. https://ch.yes24.com/Article/View/33607

32) 에리히 프롬, 차경아 역, 《소유냐 존재냐》 (서울: 까치글방, 2022), 159-160.

33) 위의 책, 172.

34) 데이브 브루노 저, 이수정 역, 《100개 만으로 살아보기》 (서울: 청림출판, 2012), 249-250, 260.

35) 고재학, 《부모라면 유대인처럼》, 237.

36) 위의 책, 235.

37) 탈 벤-샤하르 저, 노혜숙 역,《해피어》(서울: 위즈덤하우스, 2008), 5.

38) 김금선,《내 아이의 부자수업》(서울: 한국경제신문, 2021), 5.

39) 전성수, 양동일,《유대인 하브루타 경제 교육》(서울: 매경출판사), 168-169.

40) 강동구 엄마들의 모임, 2022. 12. 19.에 올라온 글.

41) '바보야! 돈이면 다 된다니까', 여수넷 통뉴스, 오피니언, 칼럼. 2021. 3. 25.
    http://www.netongs.com/news/articleView.html?idxno=300998

42) 김금선《내 아이의 부자수업》, 39~43.

43) 김동호,《깨끗한 부자》(서울: 규장, 2002), 17.

44) 법상,《부자보다는 잘 사는 사람이 되어라》(서울: 도솔, 2007), 22-24.

45) 김동호,《깨끗한 부자》, 26.

46) '날마다 기막힌 새벽 #1100', 김동호 목사 아카이브, 김동호 목사 유튜브 채널.
    2022. 12. 22. https://www.youtube.com/watch?v=AAVYgbCxWfs

47) 팀 켈러 저, 윤종석 역,《내가 만든 신》(서울: 두란노, 2018), 22.

48) J. C. 라일 저, 장호준 역,《우상》(서울: 복있는 사람, 2018), 9.

49) 레베카 피펫 저, 김성녀 역,《빛으로 소금으로》(서울: IVP, 2004), 53.

50) 폴 트립 저, 김윤희 역,《완벽한 부모는 없다》(서울: 생명의말씀사, 2022),
    199-200.

51) J. C 라일,《우상》, 66-67.

52) '영혼의 어두운 밤 – 송봉모 신부', 가톨릭굿뉴스, 우리들의 묵상, 체험. 2022. 8.
    16. https://maria.catholic.or.kr/mi_pr/missa/bbs_view.asp?id=203
    7456&menu=4770

53) [소강석 목사의 블루 시그널] '교회 4.0시대를 이루어 나가자', 국민일보, 시사.
    2022. 10. 13. https://news.kmib.co.kr/article/view.asp?arcid=092426
    8027&code=23111413&cp=nv

54) 제랄드 메이 저, 신선명, 신현복 역,《영혼의 어두운 밤》(서울: 아침영성지도연
    구원, 2006), 152.

55) 유진 피터슨 저, 이종태 옮김《다윗: 현실에 뿌리박은 영성》(서울: IVP,
    2014), 123-124.

56) 이영광, 《나무는 간다》 (경기도: 창비, 2013), 92.

57) 신형철, 《인생의 역사》, 93

닫아요

01) tvN 드라마 <도깨비> 6화 중

02) 손웅정, 《모든 것은 기본에서 시작한다》, 119.

03) 루이즈 글릭, 《야생 붓꽃》 (서울: 시공사, 2022), 18.